有料有趣的朝代史

1

大唐初兴

方寄傲 编著

浙江工商大学出版社
ZHEJIANG GONGSHANG UNIVERSITY PRESS
·杭州·

图书在版编目（CIP）数据

唐史/方寄傲编著.—杭州：浙江工商大学出版社，2022.9

（有料更有趣的朝代史/胡岳雷主编）

ISBN 978-7-5178-4842-4

Ⅰ.①唐… Ⅱ.①方… Ⅲ.①中国历史—唐代—通俗读物 Ⅳ.① K242.09

中国版本图书馆 CIP 数据核字（2022）第 022895 号

唐 史
TANG SHI

方寄傲 编著

责任编辑	沈明珠
责任校对	熊静文
封面设计	吕丽梅
责任印制	包建辉
出版发行	浙江工商大学出版社 （杭州市教工路 198 号　邮政编码 310012） （E-mail: zjgsupress@163.com） （网址：http://www.zjgsupress.com） 电话：0571-88904980，88831806（传真）
排　　版	北京东方视点数据技术有限公司
印　　刷	唐山富达印务有限公司
开　　本	787mm×1092mm　1/32
印　　张	28
字　　数	624 千
版 印 次	2022 年 9 月第 1 版　2022 年 9 月第 1 次印刷
书　　号	ISBN 978-7-5178-4842-4
定　　价	198.00 元（全四册）

版权所有　侵权必究

如发现印装质量问题，影响阅读，请和营销与发行中心联系
联系电话　0571-88904970

前　言

俺曾见金陵玉殿莺啼晓，

秦淮水榭花开早，

谁知道容易冰消。

眼看他起朱楼，

眼看他宴宾客，

眼看他楼塌了。

这青苔碧瓦堆，俺曾睡风流觉，

将五十年兴亡看饱。

那乌衣巷不姓王，

莫愁湖鬼夜哭，

凤凰台栖枭鸟。

残山梦最真，旧境丢难掉，

不信这舆图换稿。

诌一套《哀江南》，放悲声唱到老。

——清·孔尚任《桃花扇·哀江南》

一出《桃花扇》，唱尽兴亡沧桑、黍离之悲，虽是明朝遗臣的心声，又何尝不是大唐遗响的泛音？遥想当年，"日围赫赫是长安，大明宫阙开云端",现而今"三川梗塞两河闭,大明宫殿生蒿莱"。何处再见那李白自称酒中仙时的酒肆?何处再见那"天地为之久低昂"的公孙大娘剑器舞?何时重温那"观者莫不扼腕踊跃凛然震悚"的《秦王破阵乐》?何时重见那白居易在"千歌百舞不可数"中最爱的《霓裳羽衣舞》?

这是一个让人心驰神往的巅峰王朝,这是一个让人无限向往的黄金盛世,这是一个气势磅礴的帝国时代。它无比壮丽、无比辉煌、无比炫目:

千年前,秦王李世民执长刀、跨六骏,劈开一个新的时代;

千年前,皇后武则天建明堂、封泰山,登临全天下的巅峰;

千年前,明皇李隆基杀韦后、诛太平,打造最繁华的盛世。

打开那一扇通往唐朝的窗户,见那风采动人的一骑自战火中来,用开明豁达的襟抱和英雄天纵的才华,编织了大唐江山的辉煌开篇,"兼听则明,偏信则暗",将天下英雄尽收彀中;听见那一声爽朗的笑声,面对叛乱者"杀姊屠兄,弑君鸩母,人神之所同嫉,天地之所不容"的指责和谩骂,她微笑着细读檄文,叹息着:"宰相之过也。人有如此才,而使之流落不偶乎!"正是这样的王者气度,使得大唐王朝在一位娇媚女子的手中真正走向了辉煌。

忽而,长安市上的酒香萦萦绕绕,吹开了门外的卷帘。一壶酒、一杯茶让整个都市馨香四溢,香气中带着兴旺与繁华,满溢到扬州、蜀州,"扬一益二"成为世间佳话;挥洒至敦煌,开启了古老的文明;漂洋过海,让东西方的文明交会。

然而,唐朝亦未能脱离盛极而衰的历史规律。一阵阵"渔阳鼙鼓逼地来"，一场大乱结束了开元盛世的绚丽，留下"流血涂野草，豺狼尽冠缨"的满目疮痍，虽然痼疾缠身、日薄西山，但仍然有新创留给后人，募兵制、两税法的光辉一直照耀了整个宋朝。

唐朝人喜欢外来文化，穿胡装、听胡乐、观胡舞、吃胡食是全社会的风尚，"胡音胡骑与胡妆，五十年来竞纷泊"，是唐朝人百无禁忌的自信和海纳百川的胸怀。

唐朝人喜欢逛夜市，不理睬朝廷的禁令，在夜幕降临之后走出家门，到胜业坊买蒸饼，到颁政坊吃馄饨，去崇仁坊看那"昼夜喧呼，灯火不绝"的夜景，是唐朝人享受的热闹与繁华。

唐朝人喜欢诗，白居易初到长安，被人嘲笑"长安百物皆贵，居大不易"，待展示出"野火烧不尽，春风吹又生"的千古名句后，又被连连赞叹："有句如此，居天下亦不难。"这是唐朝人对文化的尊重与推崇。

唐朝人喜欢游玩，在春和景明的好天气里，带上家人到乐游原和曲江池边游览美景，"倾国妖姬云鬟重，薄徒公子雪衫轻"，是唐朝人的自在逍遥和开朗奔放。

千年以降，这一切都已烟消云散，"曲终人不见，江上数峰青"，唯留下点点遗迹，数声叹息，和史书里、诗作中那充满怅惘的回忆与凭吊。然后，就有了这部书，将唐朝三百年的那些鼎盛与衰败、和平与动荡、文明与沦丧一一收录，展示尊前。

书写一部历史，是为了与历史中的人物身影交错，携手同游，共经盛世兴衰的波澜，体味人生的豪迈与遗憾，捕捉人性中的善与恶。本书以正史为蓝本，汇集多年来历史学者的研究成果，去粗取精、削繁就简，用轻松的语言进行阐释，竭尽所能地将那漫漫三百年的历史完整全面地呈现出来。在尊重史实的基础上,以风趣幽默而又不乏智慧的语言,调侃轻松却不失庄重的语调,讲述大唐过往,并试图探入历史事件的背后,深度挖掘历史人物内在的真实情感,用历史事件来展现人性的复杂,透过历史的迷雾,以人性洞察历史,还原历史真相。

目 录

第一章 隋末乱世，群雄逐鹿的舞台

乱世风云的前奏 _ 003

折在辽东的铁杖 _ 007

先下手为强 _ 012

按下葫芦浮起瓢 _ 017

第二章 代隋立唐，从唐公到唐皇

"半仙"的力量 _ 025

起兵，只是时间问题 _ 030

晋阳兵变：大业的开端 _ 035

皇帝旅游遭事故 _ 038

第三章 一统天下，锋不可当的大唐马刀

打扫干净后院 _ 045

父皇，别撒娇 _ 050

谁都挡不住我 _ 055

摸着石头过河 _ 059

第四章 玄武门之变，兄弟之血铺就登基之路

瀛洲主人李世民 _ 067

再逼我，就把你吃掉 _ 072

帝王与父亲的抉择 _ 077

"被迫"政变 _ 083

兄弟相争，秦王登极 _ 088

第五章　贞观之治，光照百代的盛世牡丹

"一日之恶"与"三年之善" _ 097

蛋糕的切法 _ 102

一头是吏治，一头是军制 _ 107

织一张遍被天下的网 _ 115

治世，以人为本 _ 119

把别人的头脑变成自己的资源 _ 124

法制精神的光芒 _ 129

节俭，成就生活之美 _ 134

第六章　太宗群臣，托起盛世羽翼的风

君臣的一段理想"婚姻" _ 141

我并不只会惧内 _ 147

一山二虎的幸福生活 _ 152

通过男人掌控天下的女人 _ 158

第七章　天朝可汗，大唐声威传天下

报仇，就是这么简单 _ 165

敢捣乱，就揍你 _ 170

丝绸之路上不是只有丝绸 _ 176

唐蕃和亲 _ 181

海纳百川，有容乃大 _ 186

第八章　太宗子女，帝王之家的辛酸与无奈

太子之争 _ 193

有个太蠢的弟弟更不是好事 _ 201

鹬蚌相争，渔翁得利 _ 207

做明君不难，难的是一辈子做明君 _ 213

第一章

隋末乱世，群雄逐鹿的舞台

乱世风云的前奏

仁寿四年（公元604年）七月十三日，隋文帝杨坚崩逝于大宝殿，时年六十四岁。关于隋文帝，范文澜先生有一段十分精确的评价："隋文帝主要的功绩，在于统一全国后，实行各种巩固统一的措施，使连续三百年的战事得以停止，全国安宁，南北民众获得休息，社会呈现空前的繁荣。秦始皇创秦制，为汉以后各朝所沿袭。隋文帝创隋制，为唐以后各朝所遵循。秦、隋两朝都有巨大的贡献，不能因为历年短促，忽视它们在历史上的作用。"纵观隋文帝的一生，范先生的这段评价还是十分中肯的。

历史上"子不类父"的现象比比皆是，比如隋文帝杨坚和他的儿子杨广，又如唐太宗李世民和他的儿子李治。仁寿四年（公元604年）七月二十一日，在隋文帝死后第八天，杨广在仁寿宫登上帝位，改元大业，史称隋炀帝。

隋炀帝即位不久，就将目光投向了他的亲兄弟——杨勇和杨谅的身上，任何一个皇帝都不能容忍威胁其皇权之人的存在，谋兄弑父才夺得皇位的杨广自然也不例外。可笑而又可悲的是，由于隋文帝的五个儿子都是正宫皇后所生，所以杨坚天真地认为这样就不会发生为争夺帝位骨肉相残的惨剧。但理想和现实总是有差距的，人一旦陷入权力争夺的旋涡之中，即使是骨肉至情，也难以抵挡对权力的欲望。事实上，这五子不仅没有相亲相爱，共保大隋千秋盛业，反而互相厮杀，不得善终。

杨广首先要除掉的是废太子杨勇。杨勇虽然是嫡长子，但自古废太子都无好下场。被废之后，杨勇曾经多次试图向隋文帝辩解，但都无果而终。隋文帝崩逝之后，杨广遂矫诏将其缢死。杨广与杨勇兄弟二人虽然是骨肉至亲，但性格大相径庭。杨勇的性格真实，不会委曲求全，他错就错在身在帝王家政治手段却不够强硬。比之杨勇，杨广似乎是为残酷的政治所生，于是，这场夺位之战最终以杨广的胜利而告终。

杨勇死后，杨广又着手处理掉了弟弟杨谅。所有障碍都已清除，天下，就在他的掌握之中。接下来，在公元604年到605年不到一年的时间里，杨广下令做了几件大事，隋朝也在他的不知节制、不考虑后果的大肆动作之下，一步步走向混乱和灭亡。

首先，隋炀帝下令在当年秦始皇的基础上继续修建长城。长城修建好之后，为了保护长安、洛阳等地的安全，不受外敌入侵，杨广下令从龙门开始开挖一条长两千多里的壕沟。这条壕沟起于龙门，途经河南、陕西诸地，极为壮观。为了修建这条长壕，朝廷下令在民间征调了数十万的男丁，一时间怨声载道。接着，隋炀帝又马不停蹄地开始营建东都洛阳。

当时术士章仇太翼向隋炀帝进言道，大兴与皇帝的五行相克，只有在洛阳兴建新的都城方能保大隋千秋之业。听信了术士之言的隋炀帝立即开始了行动。大业元年（公元605年），隋炀帝命尚书令杨素等人在距洛阳旧城八十余里的地方兴建东都。这浩大的工程仅在十个月内就完成了，原因是自从命令下达后的每个月，都有两百万的丁夫被征召来修城。

"成由俭，败由奢"，这是一向以勤俭自居的隋文帝对自己，也是对后代的忠告，他在即位之初就宣布"犬马服玩，不得献上"。而且他也做到了"其自奉养，务为俭素，乘舆御物，故弊者随宜补用；自非享宴，所食不过一肉；后宫皆服浣濯之衣"。而杨广刚一即位就将父亲的忠告抛诸脑后，大兴土木。

在营造洛阳宫殿的过程中，天下的奇材异石，都以各种不同的方式运往东都洛阳，许多服役的丁夫都活活累死在半路上。除了营建洛阳城之外，隋炀帝又下令在洛阳之西修建了显仁宫和西苑，极尽奢侈之能事。这些工程无休无止，使得天下百姓苦不堪言，顿时民怨沸腾。

西苑面积庞大，占地二百亩有余。西苑之中又有海，在海上还有人力修造的三个仙岛。仙岛之上，亭台楼阁更是数不胜数。沿海北面的龙鳞渠，又有别院十六座，院内陈设奢华，更不待言。宫殿修建好之后，隋炀帝经常携妃嫔在宫中游玩。而此时，在他心中，念念不忘的还是他的兴起之地，那陪伴了他近十年的地方——扬州。

历史上对于大运河的开挖可谓是毁誉参半。总的来说，隋末大运河的开凿不能说与隋炀帝方便游幸江南的私人目的毫无关系，但从宏观角度来看，它确实促进了南北文化的交融和经济的发展。兴建于隋末的大运河对中国后来的发展有着不可忽视的作用，因此唐人皮日休作诗为大运河鸣冤："尽道隋亡为此河，至今千里赖通波。

若无水殿龙舟事，共禹论功不较多。"

隋炀帝时期开凿的大运河以洛阳为中心，分为通济渠、山阳渠、永济渠和江南河四段，且沿河都有为皇帝修建的行宫。这项工程耗费民力数百万，不少百姓都因为修建大运河而牺牲了自己的家庭甚至是生命。据记载，由于大运河的开凿工程浩大而且时间极为紧迫，因所征的男丁不足竟然将成年妇女抓来服役。

大运河的开通带来了南北交通的便利，也给隋炀帝的享乐提供了便利的条件。隋炀帝自大业元年（公元605年）登基到大业十四年（公元618年）被弑于江都这短短的十几年内，曾三下江都，到其他地方游玩更是数不胜数，共计出行十一次。而且每次出游都是"从行宫掖，常十万人，所有供需，皆仰州县"，因此沿途各地的官员常常为了满足皇帝的私欲、保住自己的前途而拼命地压榨百姓。

唐代李敬方有诗云："汴水通淮利最多，生人为害亦相和。东南四十三州地，取尽脂膏是此河。"可见当时为了大运河的开凿和隋炀帝的游兴，百姓受到的盘剥是多么严重。因此，隋炀帝的出行不仅没有像后来的乾隆皇帝下江南一样留下美名，反而和后来的出征辽东一样被世人唾弃，留下了千古骂名。就在隋炀帝忙于享乐的时候，百姓已经被逼到了末路，民间的起义之师也在此时悄悄酝酿，一场大的战乱即将爆发。

折在辽东的铁杖

隋之亡，亡于征辽东。

隋文帝勤于国事、宵衣旰食，给杨广留下了一个相对富足的国家，然而富裕的国库却给隋炀帝的东征西讨、穷兵黩武创造了条件。向往成为千古之帝的杨广心中一直有着这一个伟大的理想，《隋书·帝纪》称其"慨然慕秦皇汉武之事"，他的梦想就是超过武功显赫、创造大汉盛世的汉武帝刘彻。于是在他即位之初，他就开始了一系列的对隋朝周边各国的军事和外交活动。

这些活动包括大业元年（公元605年）以突厥之兵突击契丹和南下攻打林邑（今越南中部），大业三年（公元607年）迎接突厥启民可汗来朝，收复西突厥，大败吐谷浑，等等。虽然，新帝即位之初应当与民休息，暂不言战，但隋炀帝的这些军事外交活动对隋朝的发展或多或少都产生了一些积极的影响。然而其后隋朝对辽东发动的三次大战，却几乎使这个国家耗尽了所有的气力，更使隋炀帝众叛亲离，看似繁盛一时的大隋江山的崩塌和灭亡已经触手可及。

当时在朝鲜半岛上分布着三个国家，分别是百济、新罗和高句丽，而被隋炀帝视为"眼中钉""肉中刺"的高句丽位于朝鲜半岛的北部，是朝鲜半岛上势力最强的国家。隋朝和高句丽的关系可以说是十分微妙的，高句丽因国力的逐渐上升不甘臣服于中原大国，杨坚建立隋朝之后，高句丽王曾联合靺鞨试图侵扰辽西，但遭到了隋朝军队的强烈反击。迫于隋朝强大的实力，高句丽国王高元遂遣使向隋文帝谢罪，甚至称自己为"高句丽粪土臣高元"，所以这件事也就不了了之了。

而一心想一统天下的隋炀帝却认为高句丽"眷彼华壤，翦为夷类"，因此想要收复西晋时期失去的辽东故地。大业三年（公元607年）八月，高句丽王派使者出使东突厥，却没有派人出使隋朝，这一点让隋炀帝十分不满。这时，大臣裴矩向隋炀帝建议对高句丽下最后通牒，倘若辽东还不派人来朝，就发兵攻打高句丽。因为裴矩在处理西域和吐谷浑的问题上建有大功，隋炀帝这次也听取了他的意见。从某种程度上来说，是裴矩将固执的隋炀帝引向了三征高句丽的歧途。

但让人诧异的是，小小的高句丽国根本没把隋朝的威慑放在眼里。高句丽王迟迟不肯来朝，隋炀帝愤怒不已，于是下令东征。就在隋炀帝决定东征的那一刻，他和隋朝的命运也发生了巨大的转折。

东征的命令下达之后，全国上下都开始为即将到来的战争忙碌起来。为了扩充水军，朝廷在东莱（今山东莱州）海口督造了三百艘战船，其他如兵车、战车等更是数不胜数。隋炀帝在淮河和长江以南征集了弓箭手三万人、突击手五万人，还将洛口仓和黎阳仓的粮食调到涿郡以备战争之需。为了准备这次大战，隋炀帝可谓是倾尽全国之力。他一心想在武功上比肩汉武帝，却不知道长期的战争势必会带来国库的空虚，不仅伤财而且劳民，长此以往，百姓失去了活路，必将民心骚动、天下大乱。

当时为辽东备战的民夫由于长期没日没夜地为朝廷赶制战船，死亡率极高，几乎达到了百分之四十。隋朝的劳役十分严重，这些劳役不仅是无偿的，而且还要百姓自己承担为朝廷工作时所需的口粮等。所以不少民夫都忍受不了这样的"酷刑"，四处流亡，这些人也成为后来农民起义的一部分力量。

大业八年（公元612年），隋朝百万大军在涿郡聚集，二十四军分为左右两翼开始向辽东进发。祭拜过祖先和诸路神灵之后，作为大军统帅的隋炀帝亲自率领六军尾随在大军之后。这次出征的规模相当宏大，旌旗连绵，大军首尾相连，几乎达到了一千余里。除了二十四军陆军之外，还有大将来护儿带领的水军从东莱出发，直指平壤。

出发前的隋炀帝可谓是意气风发，信心满怀。隋军的强大和高句丽的弱小形成了强烈的对比，高句丽想要反抗隋军可谓是以卵击石，这场战争的结果似乎早就可以预料得到。但事情并不像想象中那样发展顺利，隋军从渡过辽河之时就开始了它的悲剧。

因为之前为渡河打造的浮桥长度不够，隋军在渡河的时候受到了高句丽军的袭击。面对这种情况，重新建造浮桥已经来不及了，隋朝将士虽然艰难向前，但还是抵抗不住高句丽军的长枪。这时一个人站了出来，他就是隋朝的一位传奇人物，左屯卫大将军麦铁杖。

这位麦铁杖可谓是隋朝的一位奇人，他骁勇善战，走路速度堪比飞马，传说一日可行五百里。早年的麦铁杖以打家劫舍为业，后被广州刺史收为府中的杂役。然而，当上官府杂役之后的麦铁杖根本不习惯这种日子，过惯了自由生活的他依旧每天晚上行走一百多里到邻近的县镇干自己的老本行——打劫。

纸包不住火，麦铁杖最终还是被人认出，离开了刺史府。后来，他一直都在江东流浪，隋朝平定江东之时，杨素发现了麦铁杖的才华并重用了他，麦铁杖也不负众望，在平定过程中立下了大功。之后，成阳公李彻将麦铁杖调到了大兴，他就一直跟着杨素南征北战，立下了不少战功，隋炀帝杨广也十分看重他。这次隋炀帝下令东征，麦铁杖就主动请缨担任了大军的前锋。

麦铁杖看到隋军渡河之时遇到了这种情况，就单枪匹马冲到了河岸边，随后虎贲郎将钱士雄和孟叉也跟了上来，这三人与岸上的高句丽兵展开了殊死搏斗。虽然这三人都武艺高强，但无奈岸上的高句丽士兵越来越多，后面的隋军也无法接应他们。寡不敌众，麦铁杖终于实现了他临行前的誓言，以身殉国，战死沙场。

麦铁杖的死让隋炀帝痛心不已，他下诏追赠麦铁杖为光禄大夫、宿国公，并对他有"节高义烈，身殒功存"的评价。虽然阻碍重重，但是隋军最终还是渡过了辽河，顺利地对辽东城（今辽宁省辽阳市）形成了包围。

"兵者，诡道也"，事实上，隋炀帝一开始就犯了一个错误。战阵还没开始之前，他就下令三军，一旦高句丽投降就要立即安抚他们，切不可轻举妄动。高句丽军正好利用了隋军的这个弱点，多次假装来降，弄得隋军不胜其烦，战斗力锐减。历时两个多月，辽东城依然久攻不下。

陆军在辽东城前疲惫不前，来护儿率领的水军情况也不容乐观。按照一开始的计划，在陆军渡辽河攻打辽东的时候，由大将来护儿带领水军沿大同江而上,直击平壤。高句丽国虽然国力远远比不上隋朝,但还是坚守自己的城池,殊死抵抗,平壤城久攻不下。来护儿的水军在平壤城战败之后,三十多万陆军也在宇文述等人的带领下来到了平壤城下。时间一天天过去,平壤却坚如磐石,怎么攻也攻不下来。

此时,隋军的危机来了,粮草渐渐不够了。无奈,隋军只好向后撤退,以图再进。然而高句丽军在隋军支撑不住开始撤退之时,在清川江重击了隋军。毫无准备的隋军乱了阵脚,士兵四处逃散,一时间死伤无算。

大业八年(公元612年)七月二十五日,隋炀帝回到了出发地——涿郡,隋朝大军在出征之时何止百万,而这一战"资储器械巨万计,失亡荡尽",最终回来的只有区区二千七百余人,初征辽东以惨败告终。就在隋炀帝遥望远方,暗暗下定决心一定要收回这块土地之时,他却没有意识到,一场更大的危机正等待着他。

先下手为强

隋炀帝并不甘心于第一次东征的失败。尽管国家已经被他折腾得岌岌可危，回到都城后的几天之内，他又下令将洛阳仓、黎阳仓、太原仓等仓库的粮食运到望海屯储备，并命尚书樊子盖留守涿郡。第二年，也就是大业九年（公元613年），隋炀帝又一次下令全国的军队迅速在涿郡集合，开始对高句丽发动第二次进攻。

就在隋炀帝积极准备第二次东征的时候，国内的起义军已经逐渐发展起来。但为了自己心中的"千秋伟业"，隋炀帝根本无心顾及国内这些小叛乱。出征之前，他命代王杨侑和越王杨侗分别留守大兴和洛阳，而此时的两位皇孙年龄均只有十岁左右。隋炀帝这一去，等于是将庞大的帝国交到两个孩童的手中，真可谓是荒唐之至。

第二次东征进展顺利，陆军很快就抵达了辽东城下，此后战争又一次陷入了苦苦胶着的状态之中。这一次，隋炀帝没有再对高句丽讲什么仁义道德，也没有谈什么来降不杀，几乎是动用了一切可以破城的手段。隋朝将士在辽东城下殊死搏斗，有人却在隋炀帝的身后烧了一把火，这个人便是时任礼部尚书，大名鼎鼎的杨素的儿子——杨玄感。

杨玄感，弘农华阴人，隋朝重臣杨素的儿子，相貌酷似其父，喜读书又善于骑射，可以算得上是个文武全才。世多"小时了了，大未必佳"的神童，如众所周知的方仲永，而杨玄感却与他们完全相反。据记载，杨玄感幼时十分愚钝，周围人都觉得他形神呆滞，成不了大器。但他的父亲杨素认为"此儿不痴"，事实上，长大后的杨玄感确实是一个才貌出众的青年。

隋文帝时期，因为父亲杨素非常受皇帝的倚重，杨玄感也得以入朝为官。杨玄感年轻时就颇有才干，他在担任郢州刺史之时，便将州府之事处理得井井有条，深得当地民众的爱戴。杨家父子同朝为官，甚至有一个时期杨玄感与父亲杨素同时官居二品，这在当时也算得上是一件奇事了。后来隋文帝觉得这样做不大妥当，不仅父子之间不好相处，还容易给人留下话柄，遂将杨玄感降了一级，对此杨玄感也无任何异议。

杨家名满天下，在政治上有得天独厚的条件。当年，杨素在宇文述的鼓动下帮助杨广夺位成功，隋炀帝登基之后也给了杨家很大的恩赏。但猜忌心严重的隋炀帝渐渐对杨家产生了怀疑，于是让杨素担任一些徒有虚名的职位。杨素因为在炀帝朝的不得志而抑郁不已，逐渐重病缠身。

在他重病期间，隋炀帝不间歇地派人去他府中探望他的病情，实际上是希望他早点离开人世。杨素又何尝不知道皇帝的心思？所以他在临死之前曾说："我又何尝不想早点死呢？"隋炀帝本人也暗中说过："即使杨素不死，杨家也迟早有一天会被灭门的！"

杨素过世之后，杨玄感拜鸿胪寺卿，升礼部尚书，一时身居要职。然而，事实的真相往往被掩盖在表面的浮华之下，暗中却是云谲波诡。父亲杨素的死让杨玄感对隋炀帝心生怨恨，不仅如此，隋炀帝对杨家的猜忌心也越来越重，杨玄感对于自己的前途和命运产生了严重的危机感。

"先发制人，后发制于人"，每日活在危机感之中的杨玄感决定趁着皇帝忙于辽东之战，朝局混乱之时发动政变，拯救自己于万一。大业九年（公元613年）春，隋炀帝第二次发兵辽东，而此时杨玄感正在黎阳（今河南浚县东南）为皇帝东征督粮。已经决定起兵的他见这是个机会，遂故意将漕粮囤在黎阳并召集故友，声称大将来护儿谋反，于六月三日在黎阳城发动起义。

听说杨玄感在黎阳起兵造反，并且叛军即将对东都构成威胁的消息，隋炀帝坐不住了。他不得不放弃辽东的大好形势，命令大军火速回军平息叛乱。而高句丽军又在撤退的隋军背后放"冷箭"，隋军又一次损失惨重。

在回军途中，隋炀帝就命武贲郎将陈棱率兵攻打黎阳。黎阳是杨玄感的根据地，隋炀帝这么做，可谓是切断了杨玄感的后路。与此同时，他还下令屈突通在河阳召集军队，由此向洛阳进发。除了这两路部队之外，大将宇文述和来护儿也分别率兵前往东都平叛。

如此一来，杨玄感可谓是四面楚歌。此时，他如果率主力部队突击或许还能获得一线生机，但他偏偏听信了谋士李子雄的建议，将起义军分为两路，分别对抗卫玄和屈突通的军队。兵力一分散，势力便大不如前，两路军队都不敌对手，纷纷败下阵来。而此时，隋朝的多方部队已经相互得到了接应，包围圈就此形成。

洛阳已经无望，杨玄感又转向长安，以图占据长安地势，日后再图天下。倘若此时杨玄感一心拿下长安，大事尚有可为，但他在弘农宫（今河南灵宝）又停下了前进的脚步。当时，隋炀帝在弘农宫建有行宫，而弘农宫是杨玄感的故乡，杨玄感行军至此，弘农宫的百姓纷纷劝他打下弘农宫作为新的根据地。

说起来容易做起来难，决定攻占弘农宫的杨玄感率大军攻城三天，城池却岿然不动。大好的战机又一次被贻误，此时，宇文述的部队已经跟了上来。杨玄感无奈之下只得放弃弘农宫，继续向西挺进。由于和追兵相距太近，杨玄感这一路可谓是且行且打，战士们已经承受不了这样的作战强度，军队战斗力日益降低。

至董杜原时，杨玄感军被宇文述的部队打得惨不忍睹。见大势已去，杨玄感只得和其弟杨积善率十余骑突围，但已经穷途末路，无处可逃。逃到葭芦戍的杨玄感已自知是强弩之末，他不愿被隋军擒获受辱，遂求杨积善将自己杀死。杨氏一族后被隋炀帝所灭，这场轰轰烈烈的政变就以如此惨痛的结果完成了它的征程。

虽然这是一场以失败告终的起义，但在隋朝末年却大大地震动了人心，加速了当时的农民起义，隋朝的统治也因为这场叛乱而更加岌岌可危，甚至可以说是杨玄感的叛变直接导致了第二次东征的失败。至此之后，隋朝一蹶不振，各地起义军风起云涌。

此时的隋炀帝已经被辽东的战争冲昏了头脑，根本没有想到自己的国家已经乱成了一锅粥。在他心中只有一个目标，就是继续东征，无论付出什么代价。

大业十年（公元614年），平息了杨玄感叛乱的隋炀帝又下令第三次进攻辽东。这次的战争像前两次一样，在开始时进行得十分顺利，大将来护儿的水军在卑沙城大败高句丽军后来到了平壤城，胜利就在眼前。经过三次大战，高句丽终于抵抗不住隋朝的压力，国王高元又一次遣使向隋朝乞降，并将隋朝的叛将斛斯政主动交由隋军处置。

而此时，国内的农民起义已经逐渐声势浩大，大隋江山岌岌可危。辽东一投降，隋炀帝刚好借机班师回朝去处理国内的叛乱。第三次东征就这样以隋朝"胜利"而告终了。

按下葫芦浮起瓢

由于隋炀帝频繁地用兵辽东,各地的兵役、力役等劳役都十分严重,已经超出了百姓的负荷能力,尤以河北、山东一带为甚。于是,隋末真正的大起义便在山东拉开了帷幕。大业七年(公元611年),由于连年的无度征兵,加上严重的灾荒,山东境内的百姓已经是食不果腹,家业凋零。

此时,邹平县的王薄首先举起了反抗的大旗,在山东章丘的长白山发动了起义。他自称"知事郎",作《毋向辽东浪死歌》,号召山东百姓反对隋炀帝的征辽之举。王薄的起义在当时影响很大,从众更是不在少数,但可惜的是这支起义军很快就被隋朝军队镇压下去了。

继王薄的长白山起义之后,各地起义军风起云涌,短短两三年间便席卷全国,形成了不可遏制之势。在平原豆子(今山东商河)有官宦子弟刘霸道,高鸡泊(今河北故城西)有孙安祖和窦建德等,这一时期起义军的数量达到了近百万。对于各地的农民起义,残暴的隋炀帝采取了一贯的严刑酷法来进行镇压,对敢于起义者立斩不赦，甚至抄灭全家。然而严酷的镇压并不能缓解百姓心中对杨广残暴统治的愤怒，农民起义愈演愈烈，一发不可收拾。

起义军一开始主要集中在山东一地，但到隋炀帝下令二征辽东之时，已经扩展到了河南、河北、陕西和江南各地。随着时间的推移，这些起义军在和隋军的作战过程中慢慢地分裂、融合，形成了三股较为强大的力量，分别是河南李密的瓦岗军、河北的窦建德军和江淮的杜伏威军。

李密的瓦岗军原本是翟让于大业七年（公元611年）在瓦岗寨进行反隋起义的农民军队。当时，翟让在瓦岗率众起义，河南、山东的百姓都纷纷来投，再加上起义军中还有李密、王伯当、单雄信等颇有才能之人，瓦岗军声势可谓是十分浩大。经历了大业十二年（公元616年）的荥阳之战和隋军的多次围剿，李密的才华在起义军的众多将领中逐渐展现了出来。出于对李密领导才能的欣赏和对瓦岗军的未来考虑，翟让主动将瓦岗寨的全部领导权都转交给了李密。

李密，字玄邃，长安人，出身贵族，曾祖李弼是北朝显贵，其父李宽为隋柱国，被封为蒲山郡公。父亲李宽死后，李密承袭了父亲的爵位，得以入朝为官。李密是个有才之士，青年时的他就十分喜爱读书，甚至到了书不离手的地步。他"多筹算，才兼文武，志气雄远，常以济物为己任"，经常骑着一头牛闲逛，牛角上还挂着《汉书》。

当时杨素非常欣赏李密的才华，再加上是贵族后裔，李密得以进入杨府，与杨玄感的儿子们成为朋友，他与杨玄感就是在这个时期相识。杨玄感起兵之时，李密曾在他麾下为他出谋划策，成为杨玄感的重要谋士之一。杨玄感兵败之后，李密也被俘，但他在押解的途中设计得以逃脱,保住了自己一条性命。

随后李密一直在江湖漂泊,还在乡间做过教书先生。后来他因为一首诗被人告发,辗转之时,听闻翟让多喜有识之士,遂投于瓦岗寨,希望建立一番事业。李密的才华是世所公认的,瓦岗寨在后来的众多起义军中壮大,可以说和李密的英明领导有很大的关系。

大业十三年(公元617年)二月,隋末农民政权——"魏"在瓦岗寨建立了,其中李密为元帅,已经交权的翟让为柱国,并设立了三司六卫。随后,在李密的领导下,瓦岗军控制住河南的很多郡县,一时声名大振。面对良好的局面,李密决定第二年率军进攻洛阳。大业十四年(公元618年)的正月,如期而至的瓦岗军在洛水之南大败了隋朝将领王世充的部队,并将洛阳团团围住。但在即将要推翻隋朝统治的关键时刻,瓦岗寨发生了内乱,最后被唐高祖李渊所灭,这是后话。

与此同时,窦建德在河北的起义也收到了良好的成效。窦建德,漳南人,为人"尚豪侠,为乡里敬重"。和王薄一样,他也对隋炀帝在当地募兵弄得民不聊生愤怒不已,遂于大业七年(公元611年)在高鸡泊率众起义,从者万余人。

大业十二年(公元616年),窦建德军大败隋朝涿郡守将郭绚的部队,在当时引起了不小的轰动。第二年,窦建德在河北乐寿称王,建立了属于自己的农民政权。隋炀帝听闻此事,立即派大将薛世雄率大军围剿窦建德的部队。机智的窦建德没有和隋军正面抵抗,而是在七里井设伏后佯装战败,将敌人引进包围圈,一举歼灭。

大业十四年(公元618年)的五月,已经取得初步胜利的窦建德又自称"夏王"。窦建德称王之后,河北各地的起义军闻讯纷纷来投，起义军的规模越来越大，实力越来越强。随后，窦建德在聊城大败宇文化及的军队，并将宇文化及等人斩杀。到了唐高祖武德二年（公元619年），窦建德已经拥有了黄河以北的大部分地区，甚至可以与南边的王世充和关中的李渊相抗衡。

历史上，农民起义运动在首领称王之后便逐渐走向末路的例子数不胜数，窦建德所发动的河北起义也终逃不过这样的命运。由于起义军渐渐背离了起义的初衷，窦建德军在唐高祖武德四年（公元621年）被秦王李世民的军队所灭，最后以失败告终，领袖窦建德也在长安被杀。

三支农民起义军中的最后一支是江淮齐郡的杜伏威和辅公祏。大业九年（公元613年），天下大乱，面对群雄四起的态势，杜伏威和辅公祏商量道："今同苦隋政，各兴大义，力分势弱，常恐见擒，何不合以为强，则不患隋军相制。若公能为主，吾当敬从，自揆不堪，可来听命，不则一战以决雄雌。"遂在山东齐郡起兵反隋，之后又率部南下来到了广阔的江淮地区发展自己的势力。

历经了重重阻碍，杜伏威的起义军一举攻占了历阳城（今安徽和县）和高邮等地，并开始威胁到了江都。大业十二年（公元616年）七月，杜伏威率军来到了江都，隋朝立刻派大将陈棱率兵迎击。面对这种局面，杜伏威率精兵对陈棱的军队进行了猛攻。混乱之中，杜伏威的额头被隋军的弓箭射中，但他依然负伤作战，起义军一时士气大振，终于大败隋军。

同前两支起义军一样，杜伏威也建立了自己的农民政权，杜伏威任总管之职，辅公祏则任长史。隋炀帝在江都被宇文化及所杀后，杜伏威部也出现了内部分化，最后，在武德五年（公元622年）杜伏威向唐高祖李渊投降。辅公祏继续坚持战斗，后被唐军所灭，江淮的农民起义最终也以失败告终。

隋末的农民起义从大业七年（公元611年）的长白山起义开始，直到唐高祖武德七年（公元624年）辅公祏的反唐失败，前前后后共经历了十四年之久。正是这轰轰烈烈的农民战争摧毁了已经腐朽不堪的隋朝，同时也催生了即将要诞生的李唐王朝。

除农民起义之外，隋末的战乱还滋生了不少从隋朝政权中分裂出来的力量，其中较有影响力的是李渊的太原军，王世充的洛阳军和宇文化及的江都军。这三支力量都对隋朝的灭亡和唐朝的建立发生了直接的影响。

第二章

代隋立唐,从唐公到唐皇

煬帝廣在位十三年

十宫词图册·隋宫　清　冷枚

"半仙"的力量

和隋炀帝杨广一样，唐朝的开国皇帝——李渊也是北周贵族出身。他于北周武帝天和元年（公元566年）出生于长安，祖父李虎是北周的八柱国之一。当年李虎和宇文泰等人一手创建了北周的天下，后被追封为唐国公，可谓是荣宠集于一身，为世人所钦羡。

这一支李氏到了唐高宗时期超越了原来所认定的祖先汉朝名将李广，而直接追溯到了老子李耳的身上，这显然是李唐王朝的统治者为了给自己寻求一个更加高贵的出身，刻意附会而来。事实上，在李渊的身上流淌着鲜卑族的血液，这股少数民族血液来自他的母亲，也就是北周贵族独孤信的女儿独孤氏。

李渊幼年丧父，七岁时，他便承袭了父亲唐国公的爵位。由于父亲去世得早，年幼的李渊从小就养成了一种较为独立的性格，和其他的贵族子弟相比，他为人"倜傥豁达，任性真率，宽仁容众，无贵贱咸得其欢心"，更没有沾染上贵族子弟的恶习。当时有个叫史世良的人，十分善于摸骨相面。他曾在给李渊相面之后，对他说道："公骨法非常，必为人主。愿自爱，勿忘鄙言。"李渊听了之后大喜过望，从此更加注重自己的言行举止。

杨家的地位在北周时期原本不如李家，但如今杨家成了帝王之家，再加上李渊父亲早逝，李家的地位就逐渐衰落了下来。隋文帝代周建隋之后，年轻的李渊得以进入宫廷担任皇帝的近侍，即当时所说的千牛备身，任务是保护隋文帝的安全。

隋文帝为人十分勤勉，常常为了朝政耽误了休息的时间。作为他的侍卫，李渊的工作看似轻松，其实却十分辛苦。隋文帝的独孤皇后与李渊的母亲是亲姐妹，因此她对这个外甥十分喜爱。李渊虽然幼年丧父，但姨妈独孤皇后对他关怀备至，因此李渊和杨氏家族的感情很深。凭借着和隋朝皇室的深厚关系和自身拥有的才华，李渊的仕途一直都走得比较顺利，并很快就得到了朝廷的器重。

在担任千牛备身的几年时间内，李渊的表现不错，于是隋文帝决定派他到地方上去历练历练，以便增长自己的才干，更好地为国家效力。离开了京城的李渊先后担任过谯州刺史、陇州刺史和岐州刺史等官职。李渊性格豁达，对人也十分和善，他为官所到之处，百姓都交口称赞。他又喜欢广交朋友，结纳豪杰，因此朝野上下都对他赞赏不已。

在李渊外放为官期间，晋王杨广凭借他的狼子野心顺利地排挤掉了自己的哥哥太子杨勇，继承了隋文帝的帝位。隋炀帝即位之初，李渊正在楼烦郡担任太守，后又被隋炀帝召回朝中任殿内少监一职。在这段时间，可以说隋炀帝对李渊还是比较信任的。

隋炀帝在出征辽东之时，还将督运粮草的重担交给了时任卫尉少卿的李渊。隋炀帝二征辽东时，杨玄感在黎阳起兵叛乱，李渊遂奉命在弘化郡留守并掌管着关右诸军，此时的他也开始逐渐掌握了一些兵权。

连年的暴政使得隋末农民起义爆发，天下大乱，隋炀帝对自己的统治越来越力不从心。再加上年龄的增长和四起的流言，他的猜忌心越来越重。李浑一家被灭之后，隋炀帝的目光便转移到了其他的李姓贵族身上，这中间，当然包括了在外地做官的李渊。

隋炀帝对于李渊的猜忌甚至一度达到了希望除之而后快的程度。据说有一次，隋炀帝急召李渊去他的行在觐见，李渊惧怕隋炀帝，因此称病没有前去。隋炀帝对于李渊的推托十分不满，马上召来在宫中为嫔的李渊的外甥女王氏前来询问。隋炀帝问王氏道："你舅舅为何迟迟不肯入宫呢？"王氏低头回答道："舅舅因为得了病所以没能前来。"隋炀帝听言，说道："病了怎么还没有死？"

其实，李渊也逐渐感觉到了隋炀帝对自己的猜忌。为了打消隋炀帝心中的怀疑，他开始纵情声色，酗酒、受贿、游荡于青楼楚馆之间，竭力地掩盖自己的真实行为。不仅如此，李渊还收集了众多的钱财和珍贵的玩物，不停地向隋炀帝进献。自秽这一保命的招数在历朝历代已经屡见不鲜，但隋炀帝还是被眼前的景象迷惑了。他开始认为李渊不过就是个酒色之徒，根本不会对自己造成多大的威胁，不必太过担心。

顺利逃过一劫的李渊从此迎来了他的春天，因为隋炀帝对他的怀疑慢慢减淡，他的官运更加亨通。大业十一年（公元615年），李渊奉朝廷之命前往山西镇压当地的农民起义。隋朝的平叛大军在李渊的率领下抵达龙门之时，受到了农民起义军首领毋端儿的猛烈攻击。李渊当即率兵迎战，将毋端儿打得落荒而逃，他也因此官至右骁卫大将军并太原道抚慰大使。

李渊在隋朝末年为稳定河东的局势做出了非常大的贡献，这一点是不容置疑的。当时在山西境内聚集着一群人数多达十万的农民起义军，这支起义军的首领名叫魏刀儿，又有个名号叫作历山飞。来到山西的李渊马上率军前去征讨，但隋军只有区区五六千人，如何与历山飞庞大的起义部队相抗衡呢？

两军在河西雀鼠谷口相遇了，为了以少胜多，李渊心生一计。他下令隋军分成两部分，一部分是精锐的骑兵，由李渊本人亲自率领，埋伏在部队两侧；一部分是老弱病残的将士，由他们举着旗帜，负责运送粮草和辎重在中间缓缓前行。农民起义军毕竟不是正规军队，看见中间部队旌旗飘扬，马上就中计了，遂对其发起进攻。

一切都在李渊的掌握之中。老弱部队不敌强横的农民军，纷纷败下阵来，农民军见隋军丢下辎重，顿时蜂拥而上，相互争夺，局势一片混乱。时机已经成熟，李渊即率精锐部队从左右两翼围攻上去，大败历山飞的农民军。面对强大的李渊，历山飞再无力抗争，数万人被收编。这一战，以少胜多，从此也可以看出李渊卓越的军事才能。

河东地区一直以来都是受到突厥威胁较为严重的地区，而且突厥的骑兵勇猛善战、居无定所，实在不好对付。通过多次观察，根据突厥人的生活习惯和作战特点，李渊也逐步制订了属于自己的作战方案。他在自己的部队中挑选出了许多长于骑射的士兵，模仿突厥骑兵在边境巡视。这些骑兵在李渊的授意下只在边境策马游猎，遇到突厥的骑兵也不主动出击。突厥骑兵见到如此情况，反而不敢轻举妄动。

李渊本人的武功也十分了得，尤以骑射为世人所称赞。他曾因为高超的箭法得以"雀屏中选",娶到了定州总管窦毅的女儿,为他后来政治生涯的崛起打下了良好的基础。除了用"掩人耳目"的办法威慑突厥军队之外,为了解除隋朝将士对突厥骑兵的畏惧心理,李渊还曾亲自率军主动攻击突厥人,斩杀敌军千余人,还缴获了大批的物资,这样的胜利对于稳定军心起到了非常大的作用。

大业十三年(公元617年)这一年可以说是李家和杨家命运开始逐渐发生逆转的年份。就是在这一年,李渊被任命为太原留守。而此时,农民起义的战火已经在各地点燃,各地的有识之士都纷纷举起大旗反抗隋炀帝的暴虐统治,隋朝的统治已经是日薄西山。而李渊,也即将在隋末的历史上翻开属于自己的一页,在这乱世风云中焕发出夺目的光彩。

起兵，只是时间问题

大业十三年（公元617年），李渊升任太原留守。太原，是隋朝西北的边防重镇，此处"控带山河，踞天下之肩背，为河东之根本"。不仅如此，隋朝在这里储备了充足的军用物资，军事地位十分险要。就是在这里，李渊将要迈出历史性的一步，天下，将要在李家人的手中峰回路转，柳暗花明。

关于晋阳起兵，历史上一直都是疑雾重重，那么事情的真相究竟如何呢？真是"李渊只是凭借自己的贵族身份和儿子李世民的努力当上了皇帝"吗？李渊和李世民在晋阳起兵中究竟各自充当了什么样的角色？

可以说，李渊作为唐朝的开国之君在历史上得到的评价是很低的，《资治通鉴》中甚至有言："高祖所以有天下，皆太宗之功。"所有的功劳都是李世民的。至今很多人都认为李渊才华平平，甚至李建成、李元吉等人都是这场惊天动地的起义中的配角，只有秦王李世民才是真正的王者。所谓"成者王，败者寇"，虽然李渊拉开了唐朝盛世的帷幕，但还是在玄武门之变中输给了自己的儿子李世民，所以夹在千古暴君隋炀帝和古今一帝唐太宗之间的李渊在历史上得到这样低的评价也就不奇怪了。

但掩饰终究改变不了事实，根据温大雅的《大唐创业起居注》，基本上可以还原一个真实的李渊，一个胸怀大志却善于隐忍、勇武干练又足智多谋的李渊。李渊的政治和军事才华，在前面的叙述中已经可见一斑。以李渊多年的政治经历来看，可以说他对朝局，对天下都了然于心。

事实上，在杨玄感起兵反隋的时候，就有人劝过李渊，让他趁此机会夺取天下。李渊来到太原之后，当时的鹰扬府司马许世绪也曾经对李渊说："天下盛言'杨氏将灭，李氏将兴'，唐公你手握太原郡、马邑郡、楼烦郡等五郡的兵马，如果起兵，定能成就大业！"

据说，早在大业十一年（公元615年）李浑一家被灭门之后，李渊的好友，当时的河东抚慰副使夏侯端就对他说过："天下方乱，能安之者，其在明公。但主上晓察，情多猜忍，切忌诸李，强者先诛，金才（即李浑）既死，明公岂非其次？"意思是李浑已死，下一个被怀疑的对象或许就是李渊，因此让他早做准备。

对于这一点，李渊心里也是十分赞同的，但他认为时机尚未成熟，迟迟没有起兵。夏侯端还对他说过，经过他的观察，如今帝星不稳，晋阳上空却有异象，对应的就是李渊。听了夏侯端的话，李渊虽然十分心动，但起兵毕竟是件大事，一旦失败，杨玄感一家就是个血淋淋的例子。再加上自己的一切都是隋朝的皇室所给予的，所以说，李渊对隋室，对杨家的感情是非常复杂和微妙的，这或许也是他一直都没下定决心的原因之一。

认清局势后的李渊在接下来的几年内，一直都韬光养晦，甚至用自秽的方法掩藏自己的行为，以此来获得隋炀帝的信任，为起兵争取时间。他也曾经对雄心勃勃的李世民说："依我看来，杨家的气数已尽，覆灭只是迟早的事。我之所以一直没有起兵，是因为你们兄弟都未齐，而且时机也尚未成熟。"

所以说，李渊对于起兵反隋一直都有一个清醒的认识，并不如《新唐书·太宗本纪》中所记载的"高祖起太原，非其本意，而事出太宗"，是被李世民和裴寂所逼迫的。然而，晋阳起兵李渊虽是总领全局者，刘文静、裴寂、李世民、李建成等人也都是重要的参与者，其中李世民起到的作用尤为大，这一点，也是毋庸置疑的。

晋阳起兵开始于一次在大牢中的深夜密谈，谈话双方分别是唐国公李渊的次子李世民和当时的晋阳令刘文静。

刘文静，字肇仁，出生于官宦世家，祖父做过刺史，父亲因为为隋朝作战而死于沙场，后被追授了开府仪同三司的头衔。父亲死后，刘文静便袭了父亲的职位，但直到五十岁才当上晋阳令。隋末，天下大乱，群雄四起，时为晋阳令的刘文静也因为被李密在瓦岗造反的事所牵连被捕入狱。

刘文静虽然官职不高，但颇有见识。他曾对他的朋友、晋阳宫监裴寂说："时事可知，吾二人相得，何忧贫贱！"认为他与裴寂在乱世之中必然会有一番作为。通过好友裴寂的引荐，刘文静结识了唐国公的次子李世民，并认定他以后必定成就非凡。刘文静不俗的谈吐和非凡的见识也吸引了年轻气盛的李世民，他被捕入狱之后，李世民便亲自到牢中来看望他，两人就当今天下之事进行了一番长谈。

当时，李世民看着刘文静叹息道："如今天下大乱，我们该如何是好呢？"刘文静言道："天下大乱，只有拥有刘邦、刘秀这样才能的人才能平息战乱，救天下苍生于水火。除此以外，别无他法。当今皇上远在江都，东都洛阳又被李密包围，义军四起。倘若有一人能够振臂一呼，天下之人必将听从他的号令。天下乱民收归己用，只要善于经营，取代杨家，夺取天下也并非难事。"李世民点头赞叹，刘文静接着说："在下在晋阳为官多年，据我所知，太原的乱民中有不少就是英雄豪杰，倘若有人能够领兵起事，加上唐公手下的数万大军，便可以号令天下，直捣长安，成就大业。"

李世民的看法和刘文静不谋而合，但他又怕父亲不答应起兵。于是，他找到了晋阳宫监裴寂。裴寂和李渊交情很深，在李世民的劝说下答应帮他劝李渊起兵反隋。就在此时，李渊因为在马邑郡战败，就要被隋炀帝押赴江都问罪，生死悬于一线。李世民趁机向父亲进言道："当今皇上无道，天下百姓苦不堪言。如今在晋阳四处都是流民，您不要拘于小节，起兵才是转危为安的唯一途径。如若不然，我们全家都要性命不保。"

李渊听李世民所言，大惊亦大怒，呵斥道："汝安得为此言，吾今执汝以告县官！"沉思片刻又说："吾岂忍告汝，汝慎勿出口！"第二天，李渊和李世民又进行了一次长谈，听了李世民的恳切之言，最后李渊道："吾一夕思汝言，亦大有理。今日破家亡躯亦由汝，化家为国亦由汝矣！"勉强答应起兵。

《新唐书·高祖本纪》中对晋阳起兵之前的记载也是："高祖子世民知隋必亡，阴结豪杰，招纳亡命，与晋阳令刘文静谋举大事。计已决，而高祖未之知，欲以情告，惧不见听。"如此一来就将李渊的功劳全部抹去，在这里，他只是一个被逼迫的傀儡而已。如前所述，身处乱世的李渊不可能对自己家族的未来没有考虑，也不可能毫无准备，李世民是晋阳起兵的主谋这一说可以说是十分武断的。

此时的李世民年仅二十岁，年纪轻轻，阅历尚浅，既无官职也没有什么社会地位。而此时的李渊已经五十二岁，他历经世事多年，又有唐国公的爵位且手握重兵。所以，不论从哪个方面来说，李世民都不可能直接越过他的父亲直接一手策划晋阳起兵的所有事宜。只是李渊要考虑的因素太多，才一直犹豫不决罢了。

所谓"秦王之勇略，志大而功成，不知高祖慎重之心，持之固，养之深，为能顺天之理，契人之情，放道以行，有以折群雄之躁妄，绥民志于未苏，故能折棰以御袭尤，而系国于苞桑之固，非秦王之所可及也。"王夫之这段话可以说是终于给了李渊一个较为公正的评价。李渊就如同《易经》中所说的"潜龙"一样，在深"渊"之中蓄积着力量，等待着机会的到来。

晋阳兵变：大业的开端

大业十三年（公元617年），起兵诸事都已经准备妥当。六月五日，李渊宣布在晋阳起兵，并向太原各个郡县发布了公告，号召各郡县听从他的指令，一起拯救天下苍生。在起兵前的誓师大会上，李渊历数了隋炀帝的诸多罪状，并声称自己要拯救天下万民于水火之中。自此，晋阳起兵正式开始，李家父子也即将踏上建立千古伟业的历史征程。

虽然打的是"尊隋"的旗帜，但是对于李渊起兵的真实目的，天下大部分人都是心知肚明的。尽管如此，面对隋炀帝的暴虐统治，很多人还是赞同了李渊的做法。再加上李渊起兵之后，便下令打开太原的官仓，救济了许多当地的穷苦百姓。于是，越来越多的人都前来加入李渊的起义大军，起义军的声势便逐渐壮大了起来。

六月十四日，李渊宣布在太原成立大将军府，自己任大将军，封刘文静为司马，裴寂为长史。随后又下令成立三军，封世子李建成为陇西公，左领军大都督，统领左三统军；次子李世民为敦煌公，右领军大都督，统领右三统军；剩下的中军则由自己亲自领导。随后又封李元吉为太原郡守,命他留守太原,稳定后方。至此,李唐王朝的政治军事机构可以说是初步形成了。

六月十八日,始毕可汗的使者康鞘利给李渊带来了一千匹战马,还表示如果李渊需要,始毕可汗愿意出兵助李家军一臂之力。面对始毕可汗的主动示好,老谋深算的李渊马上冷静了自己的头脑。天下没有白吃的午餐,为了摆脱日后不必要的麻烦,李渊决定打发掉这个康鞘利。

李渊极其谦卑地对康鞘利说,如今大事未成,自己囊中也十分羞涩,只能先留下五百匹战马,剩下的是否可以以后再付钱。手下人对李渊的做法都十分不解,李渊在突厥使者走后对他们解释道:"突厥人这次来只是为了试探我们的实力,倘若我们爽快地买下了这批战马,他们必然会认为我们财力雄厚,便会让我们买下他们更多的战马。到时候,所有的钱都买了战马,打仗的军需粮草都会成为问题。"听了他的解释,众人都心下暗服。

事情发展到了这里,晋阳起兵已经打下了非常稳固的基础,接下来要做的就是一步步向长安挺进了。七月,李渊亲自率领了三万大军向霍邑进发。在霍邑,他遭遇了隋朝将领宋老生的部队。听闻李渊率兵来攻,宋老生带了两万精兵前来抵抗,但终不敌李渊。攻下了霍邑之后,李家军又马不停蹄地占领了临汾和绛郡等城池,一路势如破竹,最终抵达了龙门。

到达龙门之后,李渊下令将手下的军队分为两部分,主力部队渡过黄河夺取关中,另一支军队由此向河东进发,阻击驻扎在那里的隋朝大将屈突通的部队。兵分两路后,李渊马上率主力部队渡过黄河。与此同时,王长谐和刘弘基的部队也夺下了韩城,并南下切断了蒲津桥。渡过黄河之后,李渊率部占领了永丰仓等官仓,而此时万年、醴泉等地的官员都表示愿意归降于他。不仅如此,听闻唐国公兵至,不少豪强子弟、江湖英雄都纷纷来投,李家军一时间又壮大了不少。

旗开得胜的李渊决定一鼓作气,直捣长安。他下令,命世子李建成率军驻扎在永丰仓,守住潼关这个咽喉。李世民等人则率大军由高陵、泾阳、武功、鄠县等地一路向长安进发。更为喜人的是,在行军的过程中,前来投奔的官民数不胜数,到了泾阳,部队人数已经达到了九万人。在这之后,李世民等人的军队又和李神通及后来的平阳公主的"娘子军"汇合,声势更加浩大。

十月,李家二十万大军顺利地在长安城外会合,准备攻城。而此时,留守长安的正是隋炀帝的孙子——代王杨侑,辅佐的大臣则是刑部尚书卫玄和左翊卫将军阴世师等人。李家大军的到来让驻守在长安城里的人慌了手脚,卫玄见大事不妙,又没有办法解决,竟然一病不起,最后死在了家里。卫玄一死,阴世师等人只好勉为其难,督军守城。

十一月,万事已然具备,李渊于是下令大军攻城。自从隋炀帝离开长安后,城中本来就守备不足,再加上李家诸军士气高昂,不日就拿下了长安城,阴世师、骨仪等人被杀。此时,镇守在河东的屈突通闻得长安城破,即刻下令驻扎在河东的隋军向洛阳撤退。然而这一切都在李渊的预料之中,屈突通在撤退的过程中遭到了刘文静所率领部队的围追堵截,一时间溃不成军。最后,大将屈突通被刘文静所俘,押解长安。到达长安之后,李渊认为他是个将才,所以并没有杀他,而是将他任命为兵部尚书。

夺取长安之后,十二月,李渊又派人去巴蜀之地招降。按照起义一开始制定的"尊隋"旗号,李渊在取得了以长安为中心的大片疆土后并没有直接称帝,而是拥立了当时的代王杨侑为帝,并遥尊远在江都的隋炀帝为太上皇。傀儡皇帝杨侑在李渊的扶持下登基后,改大业十三年为义宁元年,而关中,从此就掌控在了李渊手中。

皇帝旅游遭事故

就在李渊率军在中原驰骋并一举攻下长安之时，隋炀帝杨广还在江都过着他那风花雪月的日子。

大业十二年（公元616年），经历了三次东征的失败和惨痛的雁门之围，原来野心勃勃的隋炀帝逐渐对自己、对朝政都失去了信心。七月，江都为皇帝巡游新打造的龙舟运达了洛阳，面对混乱萎靡的朝政，隋炀帝不顾后果地下令离开东都洛阳，第三次巡游江都。

面对隋炀帝的荒唐举动，大臣宇文述只是一味奉承，但当时的左侯卫大将军赵才第一个站出来反对，认为如今民变四起，皇帝应速回大兴（唐建国后，改大兴为长安）主持天下大事。除赵才之外，奉信郎崔民象更是在洛阳城的城门阻止隋炀帝的南行，并因此惨遭杀害。可以说，当时许多人心里都非常清楚，大兴是隋朝的政治中心，隋炀帝在这样的关键时刻放弃了大兴，就等于是直接放弃了整个天下。尽管如此，已经身心俱疲的隋炀帝又怎么听得进这些劝告？

在离开洛阳之前，隋炀帝命年仅十二岁的皇孙杨侑留守长安，十三岁的皇孙杨侗留守洛阳。在离开之时，隋炀帝曾留诗曰："我梦江都好，征辽亦偶然。"如果说前两次的游兴是为了满足内心的奢欲，这一次的巡游江都可谓是避难之举，颇带些仓皇的意味。

大业十三年（公元617年）中原大乱，隋炀帝面对这样的状况，迟迟不敢北归。就在这一年，李渊占领了长安并拥立了隋炀帝的孙子杨侑为帝，而隋炀帝则被遥尊为太上皇。长安城被攻破的消息很快便传到江都，一时间整个江都人心惶惶。

隋炀帝在江都的一年多时间内，惶惶不可终日，生活更加荒淫无度。他在江都为自己营造了极为奢华的宫殿，终日与皇后萧氏和众妃嫔游宴于此。除此之外，为了麻痹自己，隋炀帝每天喝得酩酊大醉，退朝之后更是因为心中恐慌就戴着头巾，穿着短衣，策杖而行，直到天黑才回到寝宫。

自知时日不多的隋炀帝曾对皇后萧氏说道："外间大有人图侬，然侬不失为长城公（陈后主陈叔宝降隋后的封号），卿不失为沈后（陈叔宝的皇后），且共乐饮耳！"一次，隋炀帝对着镜子自娱，向萧后言道："好头颅，谁来砍之？"萧后听后大惊，问他何出此言。隋炀帝笑说："贵贱苦乐，更迭为之，亦复何伤！"可见他也自知时日将近，只能无奈地享受着这最后的欢愉。

为了能在江都长久地生活下去，隋炀帝下令在丹阳（今江苏南京）修建宫殿，以图在江东建立据点，偏安一方，继续做他的末日皇帝。江都可以说是隋炀帝的发迹之地，他对这个地方也有相当深厚的感情，但隋炀帝的随从和将士们多为关中人士，对家乡甚是思念,对于隋炀帝留在江都的决定,他们十分不满,逐渐心生怨恨,更有不少将士悄悄地逃离了江都。

眼看着天下大乱,皇帝还整日享乐无度,隋炀帝的爱将司马德戡与直阁裴虔、舍人元敏、虎贲郎将元礼等人也都密谋逃离江都。但他们在夜间商议出逃之事的时候,无意间被萧后的宫女听见。宫女将司马德戡等人将欲谋反的消息告诉了萧皇后,而萧皇后为了使消息不外露,竟下令将宫女处死。之后,不止一人向萧后告知此事,萧后叹道:"你们告诉我又有何用呢?事已至此,谁也无法力挽狂澜,救陛下于水火,如今再说这些也只是徒增伤悲和烦恼罢了。"

参与密谋叛乱的赵行枢、杨士览和当时的将作少监宇文智及交情甚笃,遂将此事告知了他。但宇文智及并不十分赞同他们的做法,他认为当今皇帝虽然无道,但擅自逃走也不是上策,在如今的混乱局面下,只有将欲叛逃者召集起来,起兵建立帝王之业才是长久之计。赵行枢、司马德戡等人也十分赞同他的看法,并推举宇文智及和宇文化及两兄弟为首,带领他们起事。

随后,令人熟悉的场景上演了,在起事之前制造舆论,这一招在历朝历代已经屡见不鲜,不少人都用过。这一次,司马德戡等人在军中散布消息,说隋炀帝已得知众将士预谋叛逃,已经为他们准备好了毒酒,要将他们全部赐死。听了这个消息,无论是参与叛逃计划的还是没有参与此事的人都非常恐慌,大家议论纷纷,都觉得与其牺牲自己给隋炀帝陪葬,还不如将昏君杀死,共建伟业。

争取人心的目的达到了,司马德戡立即将众将士召集起来,宣布了兵变的始末，大家都表示一定听从号令，唯他马首是瞻。这天夜里，司马德戡将几万兵马都召集起来，在东城放了一把火，大火熊熊燃起，整个城里都被火光照亮。三更时分，隋炀帝被一片喧哗声惊醒，又看到城中的火光，马上找来近卫裴虔通，问他发生了什么事。已经加入兵变行动的裴虔通谎称是草房失火，已经派人去救了，想必没有什么大事。此时的隋炀帝还是比较信任裴虔通的，听他如此说，便又回到寝宫休息去了。

隋炀帝不知道，这场大火是分布在四处的叛军开始行动的信号。眼见大火烧起，各路叛军纷纷行动起来，江都的大街小巷都被他们控制了起来。到了五更，天快亮了。司马德戡率兵进入了行宫，直接冲向了隋炀帝的寝殿。隋炀帝闻讯，大惊失色，马上换了衣服逃到了西阁，但最后还是被叛军们搜了出来。

将士们将狼狈不堪的隋炀帝押回了寝宫，面对眼前的场景，隋炀帝叹息道："朕有何罪？怎么会落到今天这个地步？"一个将士答道："陛下即位以来，外勤征讨，内极奢淫，老百姓已经是苦不堪言。如今天下大乱，难道不是你的罪过吗？"隋炀帝又问叛军的头领是何人，司马德戡答道："普天同怨，又何止一人！我等平日虽受你宠信，现在发生这样的事我们也是有负于陛下。如今天下大乱，我们更是身不由己，只得拿陛下的头颅来告慰天下苦难的百姓了。"

这时年仅十岁的皇子杨杲被吓得当场哭了出来，被裴虔通一刀杀死。眼见叛军向自己一步步逼来，隋炀帝说道："天子自有天子的死法，何由你等动手，拿鸩酒来吧！"见众人不听，隋炀帝便解下了自己的白练巾，一代帝王，就这样死在了叛将的手中。

隋炀帝一死，历时三十八年的隋朝统治就宣告结束了。而对于此时身在长安的李渊来说，机会却到来了。原来李渊迟迟不肯称帝，一是因为自己打的是"尊隋"的旗号，再者，隋炀帝虽然身在江都，但一直都没有死，此时贸然称帝，便会成为那些仍然忠于隋朝的势力的攻击对象，同时也给予其他军事势力以攻打自己的借口。

其实，早在杨侑当上傀儡皇帝的那天开始，李渊就在为自己代隋立唐做准备。他先是在长安城宣布废除隋炀帝的苛政酷法，使得民心归于李氏。他虽尊杨侑为皇帝，但长安城的一切大权都由他掌控，他的长子李建成也被封为唐王世子，李世民和李元吉则分别被封为秦国公和齐国公。

义宁二年（公元618年）二月，李渊又"加九锡，赐殊物，加殊礼焉"，一度成为相国，已经是有实无名的皇帝了。三月，江都发生兵变，隋炀帝被杀，宇文化及等人拥立杨浩为帝，王世充也在洛阳拥立杨侗为帝，如此一来，李渊改朝换代就有了合理的借口。

同年四月，杨侑下诏退位，将帝位禅让给李渊，但李渊以"要慎重考虑"为由拒绝了这次禅位。后来，又有"东海十八子，八井唤三军，手持双白雀，头上戴紫云"的谶语传出，暗示李渊才是天下真正的主人。再加上裴寂等人的再三劝谏，李渊觉得在天下人面前做足了样子，终于答应"顺应天命"，登基称帝。

义宁二年（公元618年）五月二十日，李渊在太极殿称帝建国，国号为唐，改元武德，是为唐高祖。李氏家族就这样在隋末的乱世风云中建立了属于自己的政权，而等待着李渊和他的唐朝的，将会是一场更为严峻的考验。

第三章
一统天下，锋不可当的大唐马刀

打扫干净后院

隋末，农民起义爆发，天下大乱，大业十三年（公元617年），陇山以西也爆发了声势浩大的农民起义。四月，校尉薛举奉命率兵前去征讨暴乱的农民军，但一直野心勃勃的他途中却和儿子薛仁杲等人商议，趁机劫持了金城令郝瑗，率众举兵反隋。薛举父子起兵之后，将金城的官员全部囚禁起来，并下令开仓放粮，救济穷苦的百姓，尽收民心。

其后，薛举自封为西秦霸王，改元秦兴，建立了薛秦政权。薛举称王之后，秦军趁势攻占了枹罕（今甘肃临夏），岷山的羌族首领钟利俗也率部来投，秦军顿时声势大振。薛举见局势大好，便封其子薛仁杲为齐王，又陆续攻占了西平、浇河等地，陇西之地几乎是尽收薛氏囊中。

大业十三（公元617年）年七月，薛举在金城称帝，国号秦，又立其子薛仁杲为皇太子，开始了他对西北地区的统治。建国之后，薛举派薛仁杲攻克了天水，并将都城迁来此地。此后，又遣薛仁杲攻打扶风，兼并了唐弼的十万大军，此时秦军已"举势益张，军号三十万，将图京师"。

就在此时，李渊的唐军攻占长安还不到一个月，还没有站稳脚跟，薛仁杲就奉命亲率十万秦军围攻扶风，想和李渊相抗以争夺天下。在薛举的强大威胁之下，李渊命李世民率军前去迎战。李世民不负所望，大败敌军，"斩首数千级，追奔至陇坻而还"。扶风一战，大大挫败了薛举的锐气，也有效地巩固了新生的李氏政权。但此后，薛举东进之心不死，一直在蓄积势力，等待时机，再图长安。

武德元年（公元618年）五月，李渊在长安称帝建立了唐王朝，六月，薛举就率兵进入了泾州，随后又经过豳州和岐州一带，直逼高墌（今陕西长武县北部）。闻讯之后，唐高祖命秦王李世民为西讨元帅，率八路大军前往高墌抗击秦军，随行的还有当时的长史刘文静和司马殷开山。

唐朝此时虽然是刚建国不久，但已经拥有了关中、山西和巴蜀的广大地区，同时又占有了长安府库和永丰粮仓，军械粮草等储备都十分充足。从兵力、财力等各个方面来看，唐军的实力都远远超过了薛举的秦军。再加上李渊攻占长安后下令废除了隋朝一系列的严刑峻法，稳定了民心，使大后方得以巩固。

相比之下，薛举父子所在的陇右地区既是隋朝的牧监所在之地，又是当年隋朝防御突厥和吐谷浑来袭的重要阵地。这里民风彪悍，人人善骑射，尚武之气十分浓厚，因此秦军内骁勇善战之士颇多，且薛举父子自己也是猛将。

但陇右地区民族成分复杂，各地区之间的矛盾十分尖锐。再者，此地人口稀疏，据载，天水、陇西、金城等郡合计户数也不超过七万。而且生产生活水平比较落后，粮草等战略储备不够充足，所以秦军根本承受不了长期抗战，只能选择速战速决。

李世民深知对方的情况，知道薛举想快速出击，尽快结束战斗。为了"以己之长，攻彼之短"，他在率领大军到达高墌之后，便下令军队就地驻扎并开始修建战壕，加强防御工事，并没有和薛举的军队展开正面交锋，希望以此拖垮后勤补给不充足的薛举的军队。不巧的是，李世民来到高墌之后不久便感染了严重的风寒，不能再指挥军队作战，于是他便将军队暂时托付给了部下刘文静和殷开山，并嘱咐他们道："此战薛举是孤军深入，现在已经是兵马疲惫，粮草匮乏了。倘若他前来挑战，你们切记不可迎战，只要拖住他，等我康复了再做打算。"

但殷开山和刘文静并没有听从李世民的指示，唯恐久不出战会被对方看轻，灭了唐军威风。因此他们不顾李世民的嘱咐，贸然领兵出战，结果在浅水原大败于薛举，八路大军损失了近一半，将领刘弘基、慕容罗睺等人也被薛举俘获。无奈之下，李世民只得下令大军退守长安。得知高墌城被攻陷之后，李渊大怒，将刘文静等人罢官，留待查看。由于刘文静、殷开山等人的疏忽，第一次的征薛之举就以唐军的惨败而告终了，这次战败也是李世民军事生涯中少有的一次败绩。

唐武德元年（公元618年）八月，大获全胜的薛举想乘胜追击，一举攻占长安。但天意弄人，在大军出征前，薛举却一病而亡，由其子薛仁杲即位。薛举的猝死，沉重地打击了秦军高昂的士气，暂时中断了秦军火速进军关中的进程，李唐政权也因此获得了一个喘息的机会。但好景不长，薛仁杲即位后不久，便继承了父亲薛举的遗志，率兵攻打陇州，长安城一时面临着严峻的考验。

眼见秦军虎视眈眈，李渊遂命李世民为大元帅，再次出兵攻打薛仁杲。九月，李世民又一次率军出征，和上次一样，面对薛仁杲的多次挑战，李世民依旧是闭门不出。对于李世民的这种"避而不战"的做法，手下的将领都十分不解。他们认为薛仁杲气焰如此嚣张，应给予反击，否则我军的士气必然会受到打击，因此他们纷纷向李世民请求出战。

面对这样的情况，一向处事沉稳的李世民心平气和地向诸将言道："我军刚刚战败，将士们的士气都十分低落，而敌军此时是气势高涨，此时贸然出兵对我们是十分不利的。我们现在只能坚守城门，以守为攻，等到我军重获士气而敌军放松警惕之时，便可以一举击败他们。传令下去，今后谁再敢言出战之事，立斩不贷！"众将听李世民此言，都心下暗服。

时间一天天过去，在李世民的坚持下，两军僵持长达两个月之久。到了十一月，秦军粮草殆尽，再加上薛仁杲本人年轻气盛，和众多大将都合不来，秦军将领梁胡郎等人见势都纷纷向李世民投降。看到敌军将领来降，李世民知道薛仁杲的军队已经出现了内部分化。时机成熟，李世民于是命部将梁实率军驻扎在浅水原，伺机引薛仁杲出战。

看到久久不动的李世民终于派梁实在浅水原驻扎，薛仁杲按捺不住了，他即刻派大将宗罗睺率领秦军的精锐部队在浅水原猛攻梁实。遵照李世民的指示，唐军虽然是人马断水数日，但梁实依旧坚守不出。就这样相持了数日，李世民认为宗罗睺急攻不下，战机已然成熟，便趁敌军疲乏之际，命大将庞玉率军在浅水原之南严阵以待。待宗罗睺再来之时，唐军从天而降，斩秦军首数千级，将宗罗睺打得大败而逃。李世民率两千精兵乘胜追击，在泾水南岸和秦军相遇，秦军将领浑干在阵前倒戈降唐。薛仁杲见状，只得率军撤退。

李世民见薛仁杲退兵城内，遂率军围城，薛仁杲见大势已去，只得献城降唐，并将手中万余将士都交归于唐所有。自此，薛秦政权覆灭，唐王朝夺得了秦、陇两地，可以说关中西面的威胁已经消除了一大部分。

父皇，别撒娇

唐武德二年（公元619年）十月，身在长春宫的李世民意外地收到了父亲李渊的一封手敕。这封手敕由当时的中枢侍郎唐俭亲自送达，上面所写的内容是："贼势如此，难与争锋，宜弃河东之地，仅守关西而已。"表面上李渊是告知李世民他决定要主动放弃河东之地，而事实上是想借此用激将法让李世民主动请战，去收拾裴寂在山西留下的烂摊子。

为什么李渊会突然给李世民送来这样一份敕书呢？事情的始末还要从当年晋阳起兵之前那个给李家带来"借口"的刘武周身上说起。大业十三年（公元617年），刘武周在马邑起兵，然后便投靠了突厥，当上了"定杨可汗"。在这之后，他又收编了易州农民起义军首领宋金刚的部队，一时声势浩大。宋金刚多次劝刘武周"入图晋阳，南向以争天下"，再加上手下有尉迟敬德这样的大将，刘武周便下定决心和李渊一争高低。

武德二年（公元619年）四月，刘武周率兵南下，占领了榆次，后来又到了并州。虽然刘武周的军队声势浩大，但也没能抵挡住齐王李元吉的抗击，只得暂时退兵，以图日后再战。五月，刘武周卷土重来，一路攻占了平遥、介州等地。得知刘武周来犯的消息后，李渊马上派左武卫大将军姜宝谊和行军总管李仲文前去迎战，但这二人将才平平，最后都被敌军所俘。

裴寂主动请缨，希望李渊能同意他领兵前去山西，希望以军功来压刘文静一头，但是事实证明，裴寂的才能确实不如刘文静。九月，裴寂如愿以偿地率兵来到了山西，但他的到来使得山西战场进一步恶化，最终到了不可收拾的地步。度索原一战使得唐军几乎全军覆没，整个山西几乎全境失守，裴寂只得逃回晋州，以避锋芒。

度索原之战后，刘武周又进一步向并州逼来，齐王李元吉携妻带子放弃太原，连夜逃回了长安。宋金刚趁势又火速占领了龙门，唐仅保有晋西南一隅之地，时局万分紧张。但是李渊与裴寂的交情的确不可小视，裴寂连遭败绩，造成了如此险恶的局势却没有受到处罚，李渊还借故以"谋反"的罪名杀死了与裴寂不合的刘文静，因此《旧唐书》会评论说"诛文静则议法不从，酬裴寂则曲恩太过"。

虽然李渊没有处罚裴寂，但是显然也不能再任用裴寂来指挥收复山西失地，于是李渊的目光转向了战功赫赫、少有败绩的李世民，但是草率处死刘文静给他父子二人之间带来了不小的隔阂。李渊既不想向李世民低头，又希望李世民带兵出征为他收复失地。"知子莫若父"的李渊十分了解李世民的个性，于是他便策划了之前提到的那封手敕，想以激将法逼李世民主动请战。

接到父亲敕书的李世民心情十分复杂，原本亲密无间的父子之间如今连这样的小事都要用心机、使计谋。但李世民心里清楚，对于李家来说，放弃山西就等于放弃了天下，而没有了天下，自己之前所付出的全部努力都将付诸东流，自己远大的抱负也就更无从谈起了。

于是，李世民只得按照李渊的意思上表："太原，王业所基，国之根本，河东殷实，京邑所资。若举而弃之，臣窃愤恨。愿假精兵三万，必能平殄武周，克复汾晋。"李世民的主动请战令李渊十分满意，他马上下令将关中兵马悉数拨给李世民，并亲自到长春宫给李世民送行。

武德二年（公元619年）十一月，秦王李世民率领大军渡过了黄河，驻扎在柏壁，与浍州的宋金刚对峙。唐初历史上著名的柏壁之战即将上演，而此时的李世民只有二十二岁。

虽然年轻，但李世民对于打仗确实经验丰富、有勇有谋。他深知宋金刚军"人性劲悍、习于戎马"，战斗力虽强却粮草不足，迫切需要速战速决，尽快解决战斗。于是，李世民便反其道而行之，想要拖垮对手。所以，来到柏壁后的李世民并没有召集部下展开战斗，而是先着手安抚住在裴寂连连败绩之下已经浮动不安的民心，号召百姓恢复生产，并将百姓们的余粮买下充作军粮。

武德二年（公元619年）十二月，唐朝方面派出大将李孝基、独孤怀恩和唐俭率军攻打夏县，而宋金刚则派出名将尉迟敬德迎战。尉迟敬德和吕崇茂联手将唐军打得大败，但在回浍州的途中遇到了李世民派来的秦叔宝和殷开山。双方在美良川展开了大战，唐军在秦叔宝的率领下斩获敌军两千余人。尉迟敬德只得率骑兵退到蒲坂，但李世民亲自率三千骑兵前来将其击溃，最终只有尉迟敬德得以逃脱。

此役之后，唐军诸将都十分兴奋，纷纷请求李世民趁机和宋金刚展开决战，毕其功于一役。但此时的李世民以同龄人少有的冷静稳定住了局面，他认为速战速决并不有利于唐军，而"坚壁挫锐"才是万全之策，于是他对手下人说：

"金刚悬军千里，深入吾地，精兵骁将，皆在于此。武周自据太原，专倚金刚以为捍蔽。金刚虽众，内实空虚，掳掠为资，意在速战。我坚营蓄锐，以挫其锋；分兵汾、隰，冲其心腹，彼粮尽计穷，自当遁走。当待此机，未宜速战。"

其实，如果想要控制对手、不战而胜，最好的方法就是断其后路。当时晋州以北虽然只有浩州在唐军手中，但浩州是晋西南的交通要塞，也是刘武周军粮运输的重要通道。为了切断刘武周的粮道，李世民派刘弘基和张纶率军进入西河。刘武周闻讯后马上率军来攻打浩州，却被李仲文所率领的唐军击败，死伤千余人。另一方面，宋金刚的部队在晋西南始终没有和唐军主力交战，遇到这种情况，将士们也日益疲惫，士气低落了下来。

逐渐掌握了主动权的唐军又从浩州渡过汾水，占领了位于平遥、介休之间的张难堡，彻底切断了刘武周在东部的运输通道。无奈之下，宋金刚只能下令北撤。李世民见战机已经成熟，立即率军跟了上去，在吕州大破敌军。宋金刚败后撤军，李世民乘胜追击，日夜兼程，到了高壁岭的时候，将士们都已经疲惫不堪。

手下人向李世民请示是否可以就地驻扎等候粮食和后援部队，李世民道："功难成而易败，机难得而易失，必乘此势取之。"意思是战机不能耽误，于是下令继续赶路，手下人见状，只得跟着他昼夜行军，即使一天没有进食也毫无怨言。

经过多日的追逐，唐军终于在雀鼠谷和宋金刚相遇，唐军"一日八战，皆破之，俘斩数万人。夜，宿于雀鼠谷西原，世民不食二日，不解甲三日矣，军中只有一羊，世民与将士分而食之"，可见李世民的领兵之道。

在这之后，宋金刚部又在介休和唐军进行了决战，但此时的宋金刚已经是强弩之末了。宋金刚手下的名将尉迟敬德也在此时降唐，李世民大喜过望，封他为右一府统军。刘武周听得宋金刚大败的消息，马上放弃了并州，逃向突厥。宋金刚本来想收回残部后再战，但无奈手下无人听命，他也只能逃亡突厥。后二人都为突厥所杀，不得善终。

这一战，李世民不仅将刘武周所占领的失地全部收回，还肃清了关内其他的残余势力，解除了李唐政权在西北部所受到的威胁。也正是因为这一战，年仅二十四岁的李世民建立了不朽的功勋，一时间"河东士庶歌舞于道，军人相与为《秦王破阵乐》之曲"。天下重新归为一统的时代就在眼前了。

谁都挡不住我

早在隋文帝时期，王世充便开始在禁军之中崭露头角，很快就升任兵部员外郎。隋炀帝即位之后，又任命他为江都郡丞，前去镇压农民起义，王世充从此发迹。因为镇压起义有功，王世充很快便取得了隋炀帝的信任，随后升为江都通守。隋炀帝死后，天下无主，王世充便在洛阳拥立越王杨侗为帝，改元皇泰。王世充则被封为郑国公，和段达、元文都、皇甫无逸等七个人并称为"七贵"，煊赫一时。其后，王世充和李密展开了殊死决斗，后又发动政变，剪除异己，夺取了杨侗的帝位，成为洛阳城的最高统治者。

总的来说，王世充是一个才华横溢又野心勃勃的人。他为人处世比较圆滑，又善于奉承上司，这也给他前期的仕途加分不少。由于皇帝的赏识，王世充在隋炀帝时期，可以说对隋朝还是比较忠诚的。但他并不是一个传统意义上的忠臣，随着局势的发展，他也逐渐感觉到天下将乱，于是慢慢开始培养自己的势力，为日后的崛起做准备。可以说，王世充的这股军事力量是在对隋朝的忠诚和背叛徘徊之间逐渐成长起来的。

王世充趁着唐军在关东和窦建德交战的时候，占领了李唐在河南的部分领土，中原地区转眼变成了王世充的天下。然而洛阳是兵家必争之地，一心想统一全国的李唐政权又怎么会眼睁睁地看着洛阳城一直被王世充所占据着呢？

武德三年（公元620年）五月，秦王李世民在平定了刘武周之后回到了长安，等待着他的将是又一场激战。七月，李渊命李世民率大军前去洛阳攻打王世充，这一战非常关键，如果能够击败王世充，夺取洛阳城，统一中原就指日可待了。

七月，李世民已经兵至新安。王世充闻讯，马上派遣他的兄弟、子侄等嫡系部队分别在洛阳五城和外围的襄阳、怀州、虎牢等要塞驻扎，而他自己则亲自率领三万精兵，抵抗李世民的进攻。和以往对付薛举和刘武周采取的策略不同，李世民这次采用的是主动出击的攻坚战。不久之后，唐军就包围了慈涧，王世充闻讯马上率兵前来解围。

这一战打得十分艰苦，李世民几乎是和王世充的部队正面交锋，第二天，唐军终于以绝对优势攻克了慈涧，王世充则率兵退回了洛阳城内。见王世充退却，李世民马上率领大军围攻洛阳城。李世民深知洛阳城池坚固又是王世充屯集重兵之地，短时间内难以攻下。于是他决定先攻占洛阳周围的城市，扫清外围之后再将洛阳城一举拿下。

确定了战略的基本方针，李世民马上派出行军总管史万宝进军龙门，行军总管刘德威进军河内，右武卫将军王君廓到洛口切断敌军的粮道，自己则亲率主力军驻扎在北邙山。经过了七个月艰苦的外围作战，唐军先后攻占了龙门、洛口等军事要地，同时也切断了王世充的粮道和外援。在这些外围战斗中，唐军胜多败少，导致王世充辖内数十个州县纷纷主动降唐。

騎犢歸來繞野田角端
輕掛漢編年無人解得
悠悠意行過柏陰懶著
鞭　唐寅畫

牽牛但是未敢蹊田南
畝躬耕聖有年手授
緼袯色氓剡心空鄽
懷祖生毹
乾隆丙子夏尚題

李密牧田行犢圖　明　唐寅

风尘三侠图

就在战机即将成熟的关键时刻，突厥处罗可汗却开始派兵进犯唐朝的并州、原州等地，一时间，唐政权在中原的统一大业受到了威胁。而洛阳城久攻不下也使得前线的将士身心俱疲，刘弘基等人都向李世民请求班师回朝，李渊也给李世民下了密令，令他撤兵。但李世民坚持自己的想法，力排众议，并最终劝服了李渊。

在唐军的紧逼之下，洛阳城几乎成了一座孤城，城中粮食短缺，闹起了严重的饥荒。这样的局面让王世充一时不知如何是好，无奈之下，只得派出使者向窦建德求援。

说起窦建德，也算得上是个传奇人物。他本是贝州漳南的一个普通农民，为人十分守信用且仗义疏财。窦建德曾经做过里长，后来又在隋炀帝征辽东时担任两百人长的职务，成为一名替朝廷效力的军官。

后来，窦建德因被朝廷怀疑和强盗有往来而全家惨遭杀害。窦建德被逼上梁山，投奔了在贝州为盗的高士达。因为窦建德在当地颇负盛名，高士达见他来投，马上封他为司兵。其后，孙安祖在与当地匪盗张金称的争斗中丧生，手下数千人都归顺了窦建德。加上窦建德为人诚恳，肯与手下人同生共死，很多人都愿意为他效力。

窦建德等人在贝州的势力一天天壮大起来，终于引起了隋廷的重视。大业十二年（公元616年），隋炀帝派大军前来征讨，结果大败而还。随后，朝廷又派了大将杨义臣前来，由于高士达的失误，起义军战败，高士达也战死沙场。面对惨败，窦建德没有灰心，而是收拾了残部，回到了旧地并自称为将军，继续与隋朝对抗。

由于自身的才华和个人魅力，越来越多的人前来投奔窦建德，于是他的势力又重新扩张起来。隋炀帝死后，他便自称为夏王，并在乐寿筹建了自己的宫殿。李渊称帝后，窦建德改年号为五凤，建立了夏国，和李渊建立的唐以及王世充建立的郑相对抗。

随着时间的推移，唐朝的势力逐渐壮大，所谓"唇亡齿寒"，窦建德也感到危机向自己逼来。窦建德的中书舍人刘彬曾向他建议，应联合王世充抗击李唐，以免唐灭郑后威胁到自身的安全，然后再伺机灭了王世充，夺取天下。

听得洛阳城被围，窦建德立即率领十余万大军前去营救王世充，在攻克了管州、荥阳等地后，驻扎在了成皋以东。为了"毕其功于一役"，将王世充和窦建德一网打尽，李世民接受了刺史郭孝恪等人的建议，决定兵分两路，命齐王李元吉和大将屈突通率军继续守在洛阳城下，自己则亲自率领三千余精兵前往虎牢阻击窦建德的援军。

窦建德和李世民的军队相持将近一个月，败多胜少，更为严峻的是，后方运送军粮的通道也被唐军截断。由于粮草日渐减少，将士思归，眼见军心就要涣散，思考良久之后，窦建德决定在唐军粮草将尽之时，乘牧马之机袭击虎牢。然而，他的计划很快就被李世民知晓。足智多谋的李世民决定将计就计，于五月初一这一天在河渚之地牧马来引诱敌军。

窦建德率大军从板渚出发，被早早埋伏在那儿的唐军袭击，一时溃不成军，大败而逃。李世民乘胜追击，斩杀三千余人，并俘虏了包括窦建德在内的五万人马。闻得窦建德战败，王世充自知再也无力和唐朝对抗。在李世民大军凯旋回到洛阳之后，王世充便率领部下主动降唐。

这场战争从武德三年（公元620年）开始到结束，前后历时近十个月，可以说是唐朝初期统一战争中规模最大的一次战役。这场战役最终以李唐政权的绝对胜利而告终，收服了王世充和窦建德之后，大唐在统一天下的道路上又向前迈出了一大步。

摸着石头过河

就在李唐王朝着力于统一全国的战争之时，唐高祖李渊一刻也没有忘记要在大战以后满目疮痍的土地上建立一个欣欣向荣、充满生机的天下。从他率军进入长安的那一天开始，他就励精图治，将所有的精力倾注在这个国家身上，并在他所治之年取得了不俗的成就。

可以说，作为大唐的开国之君，唐高祖李渊很多辉煌的政绩都被历史掩盖了。提起光辉耀目的大唐盛世，几乎所有人都会想到唐太宗李世民和唐玄宗李隆基。然而，如果不是高祖李渊在建国之初打下了坚实的统治基础，又何来贞观之治、开元盛世的辉煌呢？

焕然一新的太极殿上，李渊意气风发。较之隋朝大兴殿的奢华，按照李渊的意思重新装饰过的太极殿显得朴素得多，但是在朴素之中却体现出一种至尊的庄严。

作为唐朝的奠基人，李渊的历史功绩是应该被充分肯定的，也许他的功绩会被儿子的光环所掩盖，但是不可否认的是李世民的许多政绩是在李渊的基础上发展创造的。换而言之，李渊为贞观之治奠定了坚实的基础，正所谓"冰冻三尺，非一日之寒"。没有李渊前期的励精图治，就不会有唐朝后来的繁荣。

建国伊始，百废待兴。唐高祖在战火纷飞的内战中要重建一个能行之有效的中央政府，必然会遇到很大的困难。

在公元617年唐军攻克隋都的时候，纸张极为紧缺，官吏们只得利用以前隋朝和北周的文卷的反面来书写。隋朝的国库和仓储本来几乎空无所有，后来由于唐高祖喜欢大赏他的支持者而弄得更加空虚。经济的不稳定让人们的心理产生恐慌和疑问。唐王朝是否是个短命王朝？它还能继续坚持多久？

李渊没有让唐人失望，唐王朝逐步扩大的领土统治显示了它的军事力量，继而恢复了它的财政地位，并渐渐获得了民众的信任。费正清说："唐王朝在高祖统治下胜利地建成了政治、经济和军事等制度。它们不仅成了唐代的标志，在许多方面继续深深地影响了直至20世纪的中国的文明，并且还为受中国深刻影响的东亚新兴诸国——日本、朝鲜和越南——提供了基本制度的样板。"

李渊在唐初的改革可以说是从各个方面进行的，他意识到，为了使国家的各项大事都能有条不紊地进行，首先应该建立一个行之有效的中央政府。唐朝中央政府的基本结构承袭了隋代所用的三省制度，并逐步合理化，每一省的职能都得到明确分工，因此办事效率得到了很大提高。唐高祖拥有一个最信得过的领导班底：他的密友，他的老臣宿卫，他的亲朋故旧。事实上，唐高祖的中央高级官员不外乎由下列三种人组成：经验丰富的隋朝官吏；北周、北齐或隋代官吏的子孙；以前各朝代皇室的遗裔。

唐高祖是在摸着石头过河，他以这种方式组成的官僚体制，是它的力量的一种源泉。它的成员们绝大多数都有从政经验。大部分高级官员都与皇室有关系，这有助于加强唐王朝的统治，而他们所体现的唐王朝的五湖四海的广泛性则能消除全国不同人士的疑虑，从而促进国家的重新统一。

高祖开科取士，其中孙伏伽是唐代第一科状元，很受李渊的重视。孙伏伽曾于武德初年上书，坦言三事：一是"开言路"；二是废"百戏散乐"；三是请"为皇太子及诸王慎选僚友"。这三项建议非常中肯。李渊看后大喜，任命他为治书侍御史，并赐帛三百匹作为奖励。不久，孙伏伽又在灭王世充、窦建德后，建议李渊取消追究王、窦余党的命令，又为平定边防、减税赋等事频频上表献策，又请设"谏官"一职，李渊都虚心采纳了。可见李渊在纳谏方面也是可圈可点的。

在知人善任方面，李渊做得相当不错，他曾经说过："隋末天下大乱，皇帝无道，朝廷官员互相蒙蔽，臣下谄媚奸佞之徒不断。如今朕要拨乱反正，志向在于安邦定国。当初身处乱世，平定叛乱要用武将，现在守城治国要靠文臣。只有文武并用，使不同的人各尽其才，国家才能兴盛，我们才能安枕无忧。"从李渊对于用人的这番议论中可以看出，他对于选才治国还是有自己独到的见解的。

除了文武并用之外，他还不计前嫌，不论是过去隋朝的官吏还是前朝皇室后裔，只要是有才之人，他都愿意任用。李渊的这种用人方式，为大唐方兴未艾的统治积蓄了大量的管理人才，并建立了

"野无遗贤"的良好声望。

首先,这些前朝后裔和官员在唐初仍然具有很大的影响力。李渊如此善待他们,他们定会心存感激,这样就消除了再兴反叛的潜在危险,同时李渊也在天下人面前树立了一个仁君的形象。

其次,这些官员大多历仕几朝、经验丰富,也能够给刚刚建国不久的唐王朝提出不少行之有效的意见和建议。

上层建筑需要强有力的经济基础,建国之初最重要的就是"休养生息"。因此,在建立中央机构的同时,李渊也很重视对全国土地制度的恢复和改革。唐高祖时期,国家恢复了北魏时期建立的均田制。

均田制创始于北魏孝文帝太和年间,后一直为北齐、北周沿用。隋朝之时,均田制发展较为迅速,并逐渐由北向南,推广到了江南地区。经历了隋末的混战,唐朝建立之初人口锐减,农业凋零,百废待兴。为了恢复民间的农业生产,唐高祖李渊在武德七年(公元624年)四月颁布了均田令。唐朝的均田制基本上沿袭了北魏至隋的内容,但在此基础上做了一定程度上的修改,并将细则进一步具体化。

唐朝均田制规定:"凡男女始生为黄,四岁为小,十六为中,二十有一为丁,六十为老。每一岁一造计账,三年一造户籍。县以籍成于州,州成于省,户部总而领焉。"当时朝廷所造的户籍是施行均田制的主要依据。这种户籍是根据"手实"和"记账"的方式编就的,三年一次,保证了均田制有效地在全国各地推行。

规定了百姓的老幼年限之后,均田令还给每个年龄层的人该得到的田亩数做了明确说明,例如"丁男、中男以一顷;老男笃疾废疾以四十亩,寡妻妾以三十亩,若为户者则减丁之半","凡道士给田三十亩,女冠二十亩,僧尼亦如之"。

以上是对于平民百姓的规定,对于在朝有官职、有功勋的人,均田制又做了另一番说明:"凡官人受永业田。亲王一百顷,职事官正一品六十顷,郡王及职事官从一品五十顷,国公若职事官二品四十顷,郡公若职事官从二品三十五顷,县公若职事官正三品二十五顷,职事官从三品二十顷,侯若职事官正四品十四顷,伯若职事官从四品十一顷,子若职事官正五品八顷,男若职事官从五品五顷。上柱国三十顷……"。

从唐代均田制的细则上可以很容易地发现它与前代的不同之处。例如,由于唐朝宗教发展迅速,寺庙经济也成为整个社会经济的一部分。因此,唐朝的均田令中增加了关于僧、尼、道士等的授田规定。再如在前代,田地买卖的限制是很严格的,在北魏时期只有部分桑田能用于买卖,百姓的口分田是绝对不能用来买卖的。但到了唐朝,这个限制便逐渐放宽了,只要律令允许,买卖田地是较为自由的,这也从某种程度上促进了农业经济和商业经济的发展。

除此之外,均田令还对在隋末战争中留下的荒地做了规定。这些荒地一部分收归国家所有,还有一部分到了百姓的手中。再者,没有土地和土地额不足的百姓也可以向朝廷申请开荒。这样一来,农民的积极性得到很大提高,许多荒芜的土地都得以利用,被破坏的农业生产也得以恢复和发展。

但唐代的均田制在较前代发展的同时还存在着很大的局限性,

比如均田制规定地主官僚等可以合法地占有大量的土地，这就给土地的大量私有化提供了可能。从敦煌出土的唐代户籍残卷中可以得知，百姓应授予的土地和法令规定的完全相符，但上面所记载的实际授田量却是不足的，而官僚家庭的田亩数则往往是超额的，这也是功勋授田规定带来的弊端之一。

除均田制外，朝廷还在武德二年（公元619年）颁行了租庸调制。为了和后来颁行的均田制配合，武德七年（公元624年），朝廷又再次申明了这项法令。唐代的租庸调制是从隋代租调力役制发展而来，为了和均田制相适应而做出了一定程度上的改良。

租庸调制是以人口为基础的，因此百姓按照人头来缴税和服役，所谓"租庸调之制，以人丁为本"，说的就是这种情况。据《唐六典》记载，唐代"凡赋役之制有四：一曰租，二曰调，三曰役，四曰杂徭"，并规定，"课户每丁租粟二石。其调随乡土所产绫绢絁各二丈，布加五分之一，无事则收其庸，每日三尺。有事而加役者，旬有五日免其调，三旬则租调俱免"等，具体规定了每个百姓的纳税定额和劳役内容。为了保护农民的利益，租庸调制中还明确指出，一旦遇有水旱虫霜等自然灾害，可以视情况免租、免调，甚至苛捐杂役全免。

均田制和租庸调制的颁行使得农民都安心于生产，国家税收有了充分的保障，社会也变得更加稳定。因此唐初农业、商业各种经济恢复发展得都很顺利，人口数量也急剧上升，国力与日俱增。

第四章
玄武门之变，兄弟之血铺就登基之路

瀛洲主人李世民

据说，在平定王世充期间，李世民和房玄龄曾经一起去拜访过一位能够预知未来之事的道士。这个名叫王知远的道士从房玄龄口中得知李世民便是大名鼎鼎的秦王的时候，对他说："方作太平天子，愿自齿也。"并称李世民为"圣人"。

李世民登基之后也曾经说起过这个叫王知远的道士能预知后事，并预言过他自己是"天之骄子"，因此对王知远大加赞赏。或许就是在这个时候，李世民才更加坚定了自己日后要取代太子李建成登上皇帝宝座的信念。那么野心勃勃的李世民是从什么时候开始为自己招纳人才，准备和哥哥李建成一争高下的呢？

据《旧唐书·太宗本纪》记载："时隋祚已终，太宗潜图义举，每折节下士，推财养客，群盗大侠莫不愿效死力。"可见目光远大的李世民早在隋末就认识到天下大局即将改变，于是便开始交结天下豪杰，为日后的崛起打下基础。再加上他从小爱好武艺，性格又开朗大方、不拘小节，所以手下有着大批甘愿为他效力的宾客。

晋阳起兵之时，李世民和哥哥李建成实力相当，分别统领着左右三军，两者都是建功无数，并没有什么高下之分。但在唐朝建立之后，李世民在统一战争中为国家立下了汗马功劳，这时他的功勋已经远远超过了太子李建成。

李世民是个十分自信的人，自尊心尤其强。他认为自己的才华和能力远在太子之上，对于哥哥李建成，他从心底是有些看不起的。李世民才华出众，所以一直不甘心于因为"嫡长制"的继承原则就失去了继承皇位的资格，从而放弃他内心深处一直以来想创造千秋盛世的梦想。在他看来，这个太子之位由他来担任是最合适不过的。

事实上，早在李世民率军出征各地的时候，他就非常注重笼络各类人才，秦叔宝、尉迟敬德、程知节、李君羡等这些在历史上赫赫有名的人物都是李世民在唐初的统一战争中招揽而来的。李世民揽才有一个特点，就是无论出身如何，只要有出众的才能且能为我所用，便都收于帐下，悉心对待。

比如尉迟敬德本来是刘武周手下的将领，作战勇猛，天下闻名。由于他才能出众，归顺李世民之后，得到的待遇便大大超过了一般的敌军降将。李世民对他关怀备至，并"赐以曲宴，引为右一府统军"。

再如，秦叔宝本来是在瓦岗寨效忠于李密的，李密兵败后归顺于李世民。李世民也让他跟随左右，统领秦王府的右三军，十分信任。后来，秦叔宝和尉迟敬德也不负李世民的期望，成为他的左右手，为他效忠一生。李世民对待人才谦逊的态度得到了可观的回报，其他诸将如程知节、张公瑾、刘师立这些敌军将领都无一例外地得到了秦王的看重。

李世民南征北战、功勋赫赫，他每攻占一个地方，最为关心的不是争夺金银财宝，而是寻访各地的能人志士。可见这个时候李世民就已经充分重视到人才对自己今后政治前途的重要性了。房玄龄在唐朝大军进入长安之前就开始为李世民效力，作为李世民的第一谋士，他自然是收揽人才这件大事的重要参与者。他非常善于看人，所以他常常将自己看中的一些人才招纳进秦王府，并且与这些人建立了深厚的交情，确保他们忠贞不贰，甘愿为秦王卖命。

天下既定，海内渐平，李世民也深知自己武功已经登峰造极，无人能够挑剔也无可挑剔，于是便将发展势力的重心由武转文。为了招揽文人儒士，他先是开设了文学馆，号称"秦王府十八学士"的杜如晦、房玄龄、虞世南等人都是文学馆里的学士。李世民"每更直阁下，降以温颜，与之讨论经义，或夜分而罢"，常常在闲暇之时和文学馆中的学士们讨论文章，暗中将其中的有才之人收为己用。

由于李世民的大力支持，文学馆的影响力迅速扩大，当时的士大夫都以能进入文学馆为荣，倘若有幸得中，就称为"登瀛洲"，"瀛洲"是古代传说中的升仙之地，以此意喻能进入文学馆即能成仙。对于这些人才，李世民十分重视和珍惜。

例如，杜如晦本是秦王府的王府兵曹参军，后被擢升为陕州长史。李世民的谋士房玄龄得知此事后便对他说："其他的人都不足为惜，但是杜如晦这个人是辅佐天子的人才。您想要经营四方，少了杜如晦是万万不可的。"李世民听了房玄龄的话大为震惊，马上上奏要求将杜如晦留在秦王府继续担任王府兵曹参军一职，将他留在了自己身边。

除了大肆招揽人才之外，李世民还十分注重收买人心。例如他在攻下洛阳城后，便"分散钱帛，以树私惠"，洛阳城的百姓都对他心存感激。不仅如此，李世民等人还将潼关和崤山以东黄河中下游流域的大量人才收归自己帐下，后来太子李建成也说秦王身边的多是"山东"人士，原因也是在此。

既然洛阳的民心已经尽归李世民所有，他遂决定在洛阳建立自己的根据地。回到长安之后的李世民为了稳住洛阳的局势，先是派了自己麾下的隋朝降将屈突通回洛阳镇守，其后又派了与自己关系亲密的温大雅前往监守。在朝廷方面，李世民也费尽心机结交了很多重臣，例如当时的宰相陈叔达便是其一。李世民这么做对自己的政治前途有很大的帮助，陈叔达后来也的确在关键时刻救了李世民一命。贞观年间，已经成为天下之主的李世民也提到这件事，对陈叔达当时的救命之恩感激不尽。

得知李建成和后宫诸妃嫔交好后，李世民也不甘落后，让自己的王妃长孙氏替他在后宫建立关系。长孙氏的出马虽然不能给李世民带来什么直接的正面利益，却帮他维系住了本来不大通达的后宫关系，更没有像李建成和李元吉一样给后人落下和后宫关系不当的话柄。

经过多年的苦心经营，李世民终于培养出了属于自己的强大的势力集团。这个集团以房玄龄、杜如晦、长孙无忌、高士廉和尉迟敬德为核心，包括了于志宁、孔颖达等文臣以及侯君集、秦叔宝、程知节等武将在内的大批人才。这些人紧紧围绕在秦王李世民的周围，使得秦王集团逐渐成为天下瞩目的核心。与此同时，李世民在长安暗中培养了一支精锐部队。这支队伍由八百个武艺高强的将士组成，不仅保护着整个秦王府的安全，还在后来"玄武门之变"的关键时刻起到了十分重要的作用。

事实上，李世民最终决定夺取太子之位的过程是缓慢的，在这个过程中交织着各种各样的因素，有主观的，也有客观的。从主观上来说，他确实是对皇位有很大的野心，不然他也不会花这么大的心血来积蓄力量，武装自己。

但从客观角度来分析，如果进行换位思考，设身处地地站在李世民的角度来看，他的功勋卓著、才华横溢，已经引人注目，让人心生妒忌。像李世民这样的人才想在皇室这样充满血腥和争斗的大环境中生存，唯一的方法就是努力发展自己的势力集团，不然只能是"人为刀俎，我为鱼肉"，任人宰割。再加上高祖本人本来就在他和李建成兄弟二人之间摇摆不定，集团内部的人为了自己的政治前途和富贵荣华也不遗余力地引导他努力去夺取皇位。这种种原因纠缠在一起，最终使得李世民走上了这条充满血腥的夺位之路。

再逼我，就把你吃掉

在李渊的所有儿子当中，李建成是嫡长子，根据中国古代皇家"立嫡立长"的继承原则，李建成是皇太子的不二人选。所以在唐朝建立之初，李建成就被立为太子，成为国家的储君。当然，李建成之所以能被立为太子，不仅仅是因为他的嫡长子身份，更是因为他在唐朝开国的一系列战争中立下的功劳，这些战功固然比不上李世民，但也足够使他名副其实地享有皇太子的荣耀。

和唐高祖李渊一样，太子李建成也在"一代天骄"李世民的光环下和那部只属于胜利者的《唐史》中黯然失色。在《旧唐书》中，太子李建成是个性情残忍的庸才，和他同属一派的齐王李元吉也是个"凶狂"之徒。而《资治通鉴》也记载："太子建成性宽简，喜酒色游畋，齐王元吉多过失，皆无宠于上。"但这些记载的真实性和可信度非常值得怀疑，很容易就可以从中看出破绽。

首先，喜爱酒色游猎本来就不是什么天理不容的过错，且历朝历代的王公子弟基本上都有这些嗜好，李世民本人也不能免。所以，从这些生活小节根本就不能得出李建成是个昏庸之人。

其次，早在太原起兵的时候，李建成就是唐军的左领军大都督，和李世民的地位相当，并无高下之分。从此可见，唐高祖对他还是很信任，而李建成也不负所望，率领自己的军队立下了不少战功。只是因为他后来居太子之位，常年都是随父亲驻守在长安，没有太多出外打仗的机会，所以在战功方面就渐渐比不上弟弟李世民，但也不能因此就否定他的军事才能。

至于两派之间的争斗，《资治通鉴》中称："世民功名日盛，上常有意以代建成，建成内不自安，乃与元吉协谋，共倾世民，各引树党友。"认为李渊因为李世民功高而想废长立幼是名正言顺的，而李建成和李元吉的反抗则是居心叵测，图谋不轨。《旧唐书》更是将唐朝的三百年兴盛全部归功于唐太宗李世民，称："若非太宗逆取顺守，积德累功，何以致三百年之延洪，二十帝之纂嗣？或坚持小节，必亏大猷，欲比秦二世、隋炀帝，亦不及矣。"歌功颂德的气味未免太浓，不足以作为证明玄武门之变合理性的证据。

按照中国古代的传统，太子作为储君一般都是留在皇帝身边的，一方面可以帮助皇帝处理朝政，一方面也有利于皇帝对接班人的培养。所谓"君之嗣嫡，不可以帅师"，遇到重大军事事件，太子都是留守京都，这也是对储君的一种保护。正因如此，唐初的许多统一战争都是以李世民为将领，很少由太子李建成领军出征。但是李建成留守长安也并无严重失误，可见他对于治国还是有一定的天赋和才能的，并不是个一无是处的庸才。

早在武德二年（公元619年）的时候，太子李建成就开始感受到李世民给自己带来的无形的压力。魏徵也很明确地对李建成说过："秦王功盖天下，中外归心。"所以，他对秦王集团的防范和猜忌之心也与日俱增，每日惴惴不安。当时的礼部尚书兼太子詹事李纲也曾上书，劝谏他不要听信外间的传言而疏远自己的亲兄弟，但李建成并没有放在心上，依然是日夜饮酒消愁。李纲见他如此，只得辞去官职，默默离开。

秦王集团的势力在一天天壮大起来，李建成感受到的威胁也与日俱增。于是他想尽一切办法扩充自己的实力，以此来和弟弟李世民相对抗。李世民最大的优势就是立下的战功无数，而李建成除了在建国前率兵出战过之外，建国后就一直留在都城，很少有外出的机会。因此留守多年的李建成也蠢蠢欲动，希望多立战功来压制李世民。

武德五年（公元622年），窦建德原来的部下刘黑闼为了给死去的君主报仇，于是举兵反唐。这是一个绝佳的机会，当时的太子洗马魏徵和太子中允王珪都建议李建成道："如今秦王功盖天下，中外大有归其之势。殿下您身为太子，长久以来居住在东宫，没有建立什么大的功勋来镇服海内。如今刘黑闼率众起事，也不过是残兵败将，不足万人。殿下您应该亲自率兵去攻打他来求得功名，以此来交结山东的豪杰。这样我们就可以安心，不用再受秦王的威胁了。"听了王珪和魏徵的意见，李建成马上向唐高祖请示，要求率军前去平叛。

太子本来是不能随意领兵出征的，或许是唐高祖也意识到以李建成现在的功勋不足以压制李世民，所以也准许了他的奏请。这次出征，李建成不仅大获全胜，给自己争得了荣誉，更重要的是他的"亲民"政策使他在河北地区获得了很高的声望。很多人才都投归到他的门下，当时的幽州总管罗艺就在其中。

罗艺是隋朝旧臣，武艺高超且英勇善战，在隋朝任虎贲郎将一职。隋末天下大乱，群雄四起，罗艺奉朝廷之命镇压了不少农民起义，在当时声名显赫。武德三年（公元620年），已经拥有了涿郡一带的罗艺归顺了唐朝，高祖大喜过望，封他为燕王并赐李姓。在征讨刘黑闼叛军的时候，罗艺立下了汗马功劳，后来便留在长安做了左翊卫大将军。

投归太子门下的罗艺后来奉李建成之命私下调遣幽州三百骑兵来保卫东宫。李建成这么做的目的很明确，一是为了保护自己的生命安全，二是为了扩充东宫集团的军事实力。但这件事很快就被人告发，李建成也受到了严厉的惩罚。但高祖的谴责并没有阻止李建成招兵买马的脚步，他还在全国各地招募了两千余人驻守在长林门，这些卫士以保卫东宫为己任，号称"长林兵"。

为了给自己的集团增加实力，李建成还拉拢了自己的弟弟——齐王李元吉。李元吉是窦皇后所生的小儿子，和李建成、李世民是同父同母的亲兄弟。所谓"虎父无犬子"，李元吉也像他的两个哥哥一样，武功卓越，能"力敌十夫"。在跟随其兄李世民前去洛阳征讨王世充之时，就有过出色的表现。

当时，由于窦建德援军的到来，李世民在攻打洛阳城的时候采取的是"兵分两路"的策略：由他亲率精锐部队前去虎牢阻击窦建德的部队，而将围攻东都洛阳的使命交给了弟弟李元吉。李世民率军离开洛阳城后，"世充出兵拒战，元吉设伏击破之，斩首八百级，生擒其大将乐仁昉、甲士千余人"。因为他在洛阳的出色表现，李世民才摆脱了后顾之忧，顺利地攻克了窦建德的大军。这一年，李元吉只有十九岁。

后来，李元吉还参加了平定刘黑闼的战役，在李世民回长安之后，剩下的扫清残余势力的任务也是李元吉率军完成的。虽然说李元吉为人有些骄傲且放纵，但高祖对于他还是十分喜爱的，也并没有因此疏远他。

那么，李元吉为什么要接受李建成的邀请加入太子集团呢？

首先，从平常人的角度来看，李建成是嫡长子，又已经被立为太子，继承皇位只是时间问题。而李元吉排行第四，继承皇位的可能性可以说是微乎其微。眼见两位兄长为争夺权位闹得不可开交，身为皇子的李元吉既然无法置身事外，就只得选择一方为未来投资。权衡利弊，可能他觉得李建成日后继承帝位的可能性更大，所以便加入了东宫阵营。

其次，太子和齐王的联合还有某种程度上的情感因素，那就是李元吉和长兄的关系较好。李世民为人较为严厉，甚至有些苛刻，而李元吉为人比较放纵。再加上他曾经在太原弃城而逃，这也是他军事生涯中最为失败的记录。这件事一直让他耿耿于怀，害怕李世民登基后会因此为难他。而李建成为人比较宽厚，比较容易相处。

但《资治通鉴》中记载，李元吉"见秦王有大功，每怀妒害"，意思是因为妒忌李世民，从而转向与之相抗衡的李建成。又有记载说李元吉想要除去两位兄长，自己谋求太子之位，所以先与实力稍逊的李建成联合，铲除了李世民之后再回转头来对付李建成。稍加分析就可以知道，以李元吉的身份和实力，根本无力同建成、世民相抗衡，他投靠李建成也不能说明他有取而代之的想法。所以，这些记载都充满了疑点，根本不足以取信。

其实，和李世民一样，李建成最后决定以武力解决这场争斗也是经过了苦苦挣扎的。从单纯的自卫逐渐发展到对兄弟的图穷匕见，这一过程中，李世民和李建成大概都是充满了无奈和不安吧。

帝王与父亲的抉择

两个儿子因为帝位闹得不可开交，身为父亲的唐高祖当然不能置之不理。那么，对于李建成和李世民这两个儿子，唐高祖李渊的态度到底是怎样的呢？在他的内心深处到底是希望谁最终来继承他的江山呢？这个问题似乎连他自己都弄不清楚，就是因为这样，他才在这两个儿子之间左右摇摆，犹豫不决，最终从侧面导致了这场兄弟残杀的悲剧。

建国伊始，唐高祖就将太子之位立定，这可以说是一个十分明智的举动。确立皇位继承人一方面可以巩固刚刚建立不久的政权，另一方面也可以阻止子嗣之间为争夺储君之位而发生流血事件。虽然高祖的出发点是好的，但这只是他的一厢情愿，历史上太子被夺权而不得善终的例子数不胜数，前朝隋文帝的太子杨勇就是前车之鉴。

事实上，唐高祖对于李建成这个太子花费了很多的心血。在军事和政治各个方面，唐高祖都给予太子最大的鼓励和帮助，"忧其不娴政术，每令习政事，自非军国大事，悉委决之"。再加上齐王李元吉和太子的关系比较亲密，李建成在建国后几年内的成长非常迅速，东宫集团的势力也逐渐壮大起来。

而次子李世民则是众多儿子中的佼佼者。这个儿子自小就聪慧过人且志向远大，神采非凡又气度宽宏，而且累立战功、威名赫赫，李渊对这个儿子也是十分喜爱的。据说，早在太原起兵之时，李渊就曾对李世民说过："如果大事能成，天下都是你一手创造的，应该立你为太子。"但李世民拒绝了父亲的这一建议。进驻长安之后，李渊又一次将这件事提了出来，希望立李世民为世子，但李世民又一次推辞了。

当然，这些记载和对晋阳起兵的记载一样，恐怕有很大的掺假成分，不能尽信之。但高祖李渊确实曾经被李世民的功勋所震撼，产生过另立太子的想法。因为杨文干事件，他曾一度想立功盖天下的李世民为太子，而把李建成降为蜀王，但最终作罢。

不能另立太子，又不能解决掉儿子们之间的矛盾，高祖又想让李世民参照汉朝梁孝王的先例在洛阳分主天下。有了这种想法后，他召来李世民对他说："当初在太原起兵，后来平定天下，都是你的功劳，我有意立你为储，但你又多次推辞。建成比你年长，且又位居东宫多年，我也不忍心将他废除。你们兄弟既然难以相处，你就还是回到洛阳建天子旌旗，和汉朝的梁孝王一样吧。"

看到父亲如此为难，李世民涕泣涟涟，反复表示自己不愿离开长安，不愿离开父亲的身边。高祖又思虑再三，也觉得这种想法不够妥当，所以最终也没能实施。但也有一说是高祖想让李世民在洛阳分主天下的想法被李建成和李元吉得知，他们认为让李世民回到洛阳等于是放虎归山，后果不堪设想，而李世民留在长安只是匹夫一人，比较好对付。所以他们派人制造谣言，称秦王府的很多人听说要回洛阳，都兴奋异常，恐怕秦王这一去就不会再回来了。高祖听信了这些传言，这件事最后才不了了之。

不管是哪种说法，可信度都不高。首先，唐高祖对李世民的态度复杂和摇摆不定是众所周知的，他本来就对李世民不太信任，他也知道自古以来的嫡长子继承制认为废长立幼是极其危险的行为，所以不太可能废建成而另立李世民。

再者，以唐高祖多年的政治经验，他不可能在儿子们闹得不可开交的时候提出"分主天下"的法子，因为这无异于火上浇油，只会让事情变得更加复杂，更加难以解决。但事实上，李渊一直希望这件事能够得到很好的解决，不会做这样欠妥当的决定。所以这些记载恐怕是贞观史臣给太宗谋取帝位所做的掩饰，只是为了说明他的帝位并不是他争抢而来，他只是拿回了本来属于他的东西罢了。

但从李世民的角度来看，父亲这样摇摆不定的态度一度给了他从正途获得皇位的希望，然而最后依旧归于失望，内心的躁动和不甘与日俱增。而从太子李建成的角度来看，父皇摇摆的态度使得他的危机感越来越强，自我保护的意识逐渐向畸形发展，于是发动东宫集团不惜一切代价中伤和陷害李世民。

唐高祖虽然欣赏李世民的才华但又厌恶他与日俱增的气度，所以后来越来越倾向于李建成和李元吉，同时也用各种方式削弱和打压李世民的势力。早在武德二年（公元619年），唐高祖李渊就以莫须有的罪名冤杀了开国功臣刘文静。刘文静的死是李世民父子关系开始发生质变的一个转折点。由于刘文静和李世民关系密切，李渊其实是想借斩杀刘文静一事打压李世民的气势，旁敲侧击地警告他不要对皇位有觊觎之心，目的也是希望他们兄弟之间不要发生像杨勇和杨广那样的骨肉相残的惨剧。

唐高祖顶着"诛杀功臣"的罪名，结果却适得其反。如果说，李世民在前期扩展势力的行为或许有一种自我保护的成分在内，刘文静死后，他才真正认识到，如果他不设法获得最高权力，等待着他的将会是任人宰割的命运。

李建成、李世民兄弟之间的斗争，李渊都看在眼里，而对于这些祸起萧墙、兄弟相残的斗争，李渊采取了听之任之的态度，既不鼓励也不阻止。例如，齐王李元吉曾告发李世民谋反，并当面请求父亲诛杀李世民。

但高祖认为李元吉所说的"谋反"并没有真凭实据，且李世民声望日隆，杀了他定会引起天下人的不满。李元吉又言道："当初洛阳之战平定王世充后，秦王不听从诏令，迟迟不肯回朝。他还散发金银等钱财收买人心，这就是谋反的铁证。"事实上，李世民在洛阳散发钱财、稳定民心的举动是在高祖的诏令下进行的，只不过李世民利用了这个机会"以树私恩"，既完成了父亲交代的任务，也替自己收买了民心。

高祖听闻这件事后也说："此儿典兵既久，在外专制，为读书汉所教，非复我昔日子也。"但经过再三考虑，他并没有按李元吉的建议诛杀李世民，也没有惩罚毫无凭据就诬陷自己哥哥的李元吉。自此，高祖"于太宗恩礼渐薄，建成、元吉转蒙恩宠"，但从唐高祖一直没有表明态度对付李世民的做法中可以看出，虽然他后来逐渐将天平偏向了东宫集团，但在内心还是希望这几个儿子能够和睦相处，不要发生流血事件。

高祖李渊这样模糊不清的态度让李建成和李世民的关系越来越恶化，经过李建成等人的多方"引导"，李渊越来越觉得李世民图谋不轨，对自己的皇位是个极大的威胁。他甚至怀疑李世民和突厥勾结，想要谋权篡位。"玄武门之变"前夕，李渊几乎完全倒向了太子一边。他听从了李建成和李元吉的话，准备将李世民逮捕入狱。但此时李世民的势力已经蔓延到了整个朝廷，满朝文武有不少和他交好的人，宰相陈叔达就是其中之一。

听说高祖要下令逮捕秦王，陈叔达马上上书劝谏，称："秦王有大功于天下，不可黜也。且性刚烈，若加挫抑，恐不胜忧愤，或有不测之疾，陛下悔之何及？"李世民对唐朝的盖世之功是高祖一直不敢对他采取极端措施的一大原因，陈叔达这一招果然奏效，高祖马上放弃了这个计划。

从这些事件来看，唐高祖对斗争双方的态度从维持两者平衡到倒向太子集团，但这个过程中又充满了犹疑，以至于多次在李建成和李世民两方中摇摆不定。从深层次来分析，唐高祖这种矛盾的心情也很容易理解。

皇室不是一般的家庭，唐高祖一方面希望自己的儿子们德才兼备，但作为一个皇帝，他又不能容忍儿子的才能超过自己从而给自己造成威胁。李世民才能出众又颇为张扬，可以说是"功高震主"，正好犯了高祖的忌讳，所以李渊对这个儿子既依赖又猜忌，这也是他最后偏向于李建成集团的根本原因。

但从一个父亲的角度来看，李渊自始至终都希望寻找到一个两全其美的办法，他又怎么会愿意看到自己的骨肉互相残杀呢？然而，虽然他也做出了很多努力，但都事与愿违，没有获得什么效果。殊不知，太子和秦王的矛盾根源是那个根本不可能和平解决的皇位争斗，无论怎么调和都不可能使二者得到平衡，所以调和的结果只能使他们父子之间的矛盾越来越大，隔阂越来越深。

唐高祖时期的帝位之争虽然是李世民和李建成几个兄弟的内部抗争，但是作为父亲的李渊在这场血腥争斗中有着不可推卸的责任。多种因素的交织使得太子和秦王两派的斗争愈演愈烈，矛盾既然不能调和，那么只得以武力这种血腥残忍的方式来解决了。

"被迫"政变

随着时间的推移,太子和秦王的争斗愈演愈烈,并逐渐向白热化发展。所谓"先发制人,后发制于人",太子集团决定先下手为强,彻底地将李世民一派解决掉。至于怎么将这个心腹大患除去,李建成等人首先想到的是剪除掉李世民的左膀右臂。这些人才对李世民的崛起起到了关键性的作用,倘若不能为我所用,就必须除而后快。

太子集团的目光首先落到了秦王府的护卫军尉迟敬德头上。为了收买尉迟敬德,使他为自己效力,李建成,先是用了收买人心的一贯伎俩——金银贿赂。他暗中派人送了一车金银给尉迟敬德,但没想到这个武将根本没将钱财放在眼里,不仅拒绝了李建成还将太子有意收买秦王府人才的事情告诉了李世民。尉迟敬德对李世民忠心是有原因的,他本是宋金刚手下的大将,与李世民在战场上有过多次交锋。降唐之后,李世民不仅没有因为二人之前的冲突而为难他,反而对他大加提拔,对他有知遇之恩。

李世民听了尉迟敬德的话后,说道:"公心如山岳,虽积金至斗，知公不移。相遗但受，何所嫌也！且得以知其阴计，岂非良策！不然，祸将及公。"一方面他十分相信尉迟敬德的忠贞，另一方面也担心尉迟敬德因为知道了李建成等人的阴谋而受到迫害。果不其然，李建成见收买不成就派人刺杀尉迟敬德，后又想诬陷他，但都没有得逞。除了尉迟敬德外，李建成还试图拉拢秦王府的段志玄和程知节等人，但最终也是失败而还。

一次次的碰壁使李建成意识到这些人已经跟随李世民多年，根本不会轻易转向自己。所以，他便逐渐打消了收买的念头，转而设法离间李世民和秦王府的谋臣。李建成和李元吉先是想方设法贬黜了李世民的心腹谋臣房玄龄和杜如晦。房、杜两人被逐出秦王府后，李世民的实力顿时削弱了下来。

就在这个关键时刻，上天似乎又一次向李建成伸出了机会之手，这次给太子集团带来机会的是唐朝多年来的"老朋友"突厥。经过了几年的太平时光，突厥人又在这一年卷土重来。这一次突厥的骑兵直接压过了边境，围攻了唐朝的边塞城市——乌城。

这一次，唐高祖没有派身经百战的李世民出征，而是听取了李建成的意见派了小儿子李元吉前去乌城迎敌。唐高祖下这个决定恐怕也是不想让李世民的战功扩大，又引发兄弟们的妒忌和猜忌，但李建成向父亲推举李元吉有着自己的目的。首先，他希望借出征突厥的机会将秦王府的精锐部队调离，使李世民陷入孤立无援之地，其次，他和李元吉还计划在昆明池为大军践行的时候进行刺杀活动，夺取李世民的性命，将秦王集团一网打尽。

但李建成等人万万没有想到的是，秦王府的眼线已经布满了整个长安，这个消息很快就传到了李世民的耳中。得知太子等人在东宫密谋图害自己的消息后，李世民马上召集了长孙无忌、尉迟敬德、高士廉、侯君集等人商议大事。经过讨论，大家都认为与其坐以待毙，不如先发动政变除去太子集团。如若不然，不仅这么多年的苦心经营要付诸东流，连众人的性命都可能不保。

李世民叹息道："骨肉相残，古今大恶。我很清楚自己已经危在旦夕，但我想等他起事我再以仁义之师来讨伐他，不知这样是否可以呢？"事实上，李世民也不愿背负杀兄的骂名，宁愿受制于人。手下的人见他如此犹疑，心底都暗中着急。

这时，心直口快的尉迟敬德首先站了出来，他劝李世民道："事已至此，大王您倘若还是犹豫不决，臣就转身回到草莽之中，不想留在大王身边一起等死。"见尉迟敬德如此，长孙无忌接着说道："您如果不接受尉迟敬德的意见，不止是他，我也不愿再在你身边效力。"

见心腹爱将们如此决绝，李世民心如乱麻，不知如何是好。最后，他决定采用历来成大事前都用的占卜的方法来决定起事与否，但被张公瑾阻止了。张公瑾劝他道："现在的事态很明了了，占卜又有何用呢？如果卦象不吉，我们就在这里等死吗？"在众人的逼迫下，李世民只能决定起事。

因为李世民重要的谋士房玄龄和杜如晦已被李建成借机罢黜，所以决定起事之后，李世民马上派长孙无忌前去将他二人召回来共成大事。但此时的房玄龄和杜如晦还不知道局势已经发生了这么巨大的变化，出于对自己的保护，也是为了逼迫秦王下决心，他们对前来传达命令的长孙无忌说："臣等奉皇上指令，不能再听秦王指令了。如果今天我们私自去晋见秦王，一定会被处死。"

长孙无忌将他二人的话原封不动地传达给了李世民，李世民以为房、杜背叛了自己，便让尉迟敬德拿着自己的佩刀去一探虚实。倘若他们真的背叛了自己，尉迟敬德可以当场将他们处死。

但当房玄龄和杜如晦看到尉迟敬德前来后，终于明白李世民已经下定决心。二人马上乔装打扮，跟随长孙无忌和尉迟敬德潜入秦王府。众人经过商讨，最终决定在玄武门设伏，"擒贼擒王"，将李建成和李元吉一举拿下。虽然已经决定了在玄武门发动政变，但这一批老到的政客还是给自己留了一条后路，派人马不停蹄地回李世民的"根据地"洛阳布置。万一失败，就撤回洛阳，再做打算。

就在万事俱备的时候，一件小事使得整个政变计划差点落空。古代的帝王们十分注重天象，他们自称为"天子"，上天的旨意便是他们奉行的准则。所以历朝历代都有这样一批人，他们帮助皇帝观察天下，以此来探查神秘的老天一个又一个暗示。

这天，太史令傅奕向唐高祖上了一道密奏，说："太白见秦分，秦王当有天下。"意思是天下即将要发生巨大的变动，而这一星象是代表着灾难的。太史令的报告在当时给唐高祖带来了很大的震撼力，再加上他早就知道李世民对皇位野心勃勃，如今天象如此，恐怕是秦王府又要有什么动静了。

武德九年（公元626年）六月三日，唐高祖就因为这件事召见了李世民，想探探虚实。面对一直对自己有所怀疑的父亲，李世民拿出了自己最大的资本——军功。李世民对父亲说："臣于兄弟无丝毫负，今欲杀臣，似为世充、建德报仇。臣今枉死，永违君亲，魂归地下，实耻见诸贼！"表面上是说死后无脸见王世充、窦建德等人，其实是提醒唐高祖自己对于这个国家是有过大功的。

与此同时，他还向父亲举报，说李建成和李元吉二人淫乱后宫。听李世民如此说，高祖的疑心病又犯了。思虑再三，高祖决定将这件事搁置明日，并下令第二天审理李建成和李元吉是否有染于后宫。

对于这件事的处理又一次展示了李世民敏锐的思维和政治手段。他不仅处变不惊，化险为夷，而且还在为自己开脱的同时把对手拉进了这个旋涡，使高祖的注意力完全从他身上转移。那么，李建成和李元吉到底有没有和父亲的妃子发生不正当的关系呢？

李建成和李元吉确实与后宫的妃子交好，希望她们在高祖面前替自己说好话，这也是一种常见的政治手段。而至于有没有淫乱之事，这就不得而知了。但从李建成接召后敢于坦然进宫对质这一点来看，这件事的可能性应该并不大。

兄弟相争，秦王登极

玄武门位于长安太极宫的北部，是皇亲国戚和众臣们进入皇宫的必经之地。关于玄武门在当时的重要地位，现代史学家陈寅恪先生曾有评论："玄武门在唐代多次政变中均处于关键地位，谁能控制它，就容易在军事上处于优势，取得胜利，因此乃兵家必争之地。"

秦王集团之所以选定在玄武门起事，一是因为这里是进出皇宫的要道，李建成和李元吉听诏入宫一定会从此经过，而且如果在玄武门设伏失败，还可以利用地利控制住唐高祖，为自己谋求一条后路。所以在决定发动政变后，李世民首先派人收买了玄武门的守将常何，以此来保证日后在玄武门的设伏不会受到阻碍，加大政变成功的概率。

武德九年（公元626年）六月四日，唐高祖召太子李建成、齐王李元吉入宫，准备着手调查他二人是否如秦王所说在后宫有淫乱之事。后世有人认为李世民举报太子和齐王淫秽后宫其实是"调虎离山之计"，将二人调离东宫，在玄武门将其射杀。而就在李建成和

唐太宗李世民

關忠畫

李元吉准备入宫之前，李世民带领长孙无忌、尉迟敬德、张公谨、公孙武达、刘师立、杜君绰等人早早就埋伏在了玄武门，等待着他二人的到来。

事实上，老天还是给了李建成和李元吉最后一个逃生的机会的，但因为李建成的疏忽大意，最终没能抓住这一线生机。因为就在李世民等人在玄武门积极准备的时候，后宫的张婕妤早就觉察到了异常的状况，并派人告诉了李建成和李元吉，说秦王府有异动，要他们多加防范。对于张婕妤传出的消息，李建成和李元吉的态度是截然不同的。李元吉对这个消息非常重视，认为应该托病不要入朝，静观其变，并让东宫的军队做好准备，以防不测。但是李建成认为皇宫"兵备已严，当与弟人参，自问消息"。

李建成有这样的想法也是情有可原，京师本来就是他的久居之地。对此，他比李世民要熟悉得多，因此便放松了警惕。但他万万没有想到的是，李世民竟敢在皇宫设伏。李建成未免太过自信，殊不知自己安排在玄武门的人早就已经被秦王集团策反，他和李元吉正在一步步迈向死亡的深渊。

当天，毫无防备的李建成和李元吉像往常一样，骑着马从玄武门入宫。当一行人走到临湖殿的时候，觉得情况有些异常，立刻准备退回东宫，但为时已晚。李世民已经在此等候多时，见状便纵马而出，追了上去。

眼见李世民追了上来，骑着马的李元吉回过头来张弓就射，但此时他内心十分惊慌，根本定不住神，所以几次都没能射中。相比之下，李世民就沉着冷静得多，他先是一箭将李建成射下马来。这时，秦王府的伏兵尽出，李元吉寡不敌众，也在乱箭中摔下马来。

就在这个时候，发生了一个小插曲。李建成当场毙命后，玄武门陷入了一片混乱之中，李世民的坐骑也受了惊吓。可能李世民在一箭射杀了自己的亲兄弟后一时间没有回过神来，所以身经百战、弓马娴熟的他没有控制好胯下的骏马。这匹受惊的马带着李世民跑进了树丛，随后一人一马都被困住不得脱身。李元吉见回转的机会来了，便准备用弓弦勒死李世民。

就在这生死一线的关键时刻，尉迟敬德赶了过来，一箭将李元吉射死，解救了李世民，然后又将李建成和李元吉的头颅砍了下来。这一年，李建成三十八岁，李元吉只有二十四岁。由于在政变中立下大功，在李世民被立为太子之后，尉迟敬德成为受恩赏最多的官员，得到了齐王府的所有珍宝。

闻得太子在玄武门被杀，东宫的两千将士在薛万彻和冯立的率领下，马上拿起武器赶到了玄武门，准备反击。在激战的过程中，敬君弘与吕世衡被气势汹汹的东宫军队杀死。张公瑾见一时抵挡不住，便下令将宫门关闭，以此来抵挡对方的猛烈进攻。薛万彻等人见玄武门难以攻克，还萌生了去攻打秦王府的想法，但当他们看到提着李建成和李元吉首级的尉迟敬德后，便知大势已去，随后便纷纷散去了。

就在玄武门发生惨案之时，完全不知情的唐高祖还在宫中和宰相们泛舟，准备稍后审理太子等人后宫淫乱之事。但当他看见身穿铠甲、手持长矛前来的尉迟敬德时大吃一惊，知道出了大事。唐高祖问发生了什么事，尉迟敬德禀报道："太子和齐王作乱犯上，秦王已经举兵诛之，现在特地派臣前来保护陛下的安全。"杀了李建成和李元吉之后，唐高祖是李世民最顾忌的人，他派尉迟敬德这样的武将前来，表面上说是为了保护唐高祖的安全，其实是一不做二不休，索性逼宫篡位。

高祖听了尉迟敬德的禀报，便问此时在旁的裴寂和陈叔达等人："朕不承想会发生今天这样的事，现在该如何是好？"陈叔达和萧瑀都说："建成和元吉二人本是无义之人，又无功于天下。他们嫉妒秦王的功德，共为奸谋。如今秦王已经将他们除去，更是天下归心。陛下如果立他为太子，将国事交与他就无事了。"见朝中重臣都已倒向李世民，唐高祖终于明白局面已经不是自己能够控制的了，为了给自己留些颜面，他只得找个台阶，言不由衷地表示同意："善，此吾之夙心也。"

随后尉迟敬德又以长安城中现在还未恢复正常为由，请高祖将长安城的兵马都交由李世民指挥。高祖此时已经是龙游浅底、虎落平阳，无奈只得答应了尉迟敬德的要求，将兵权交了出去，并命天策府司马宇文士及当众宣读这一旨意，遣散了东宫的将士。

这场惊心动魄的政变以李世民的完胜而告终。一切都已经妥当之后，李世民来到了高祖面前，痛哭流涕，希望高祖能够体谅他处于危难之中不得不这么做的一片心。不论李世民这么做是否是发自内心，但确实是给自己的忠孝仁义做足了面子，也使得后世对他在玄武门之变的表现多了不少正面评价。

"覆巢之下，焉有完卵"，就在李建成死后不久，他的五个儿子无一例外都被李世民下令处死，就连李元吉的后人也全部被杀。清人赵翼在《廿二史札记》对这件事的评论是："是时高祖尚在帝位，而坐视其孙之以反律伏诛而不能一救，高祖亦危矣！"这一招"赶尽杀绝"何其残忍，但为了斩草除根，以解后患，李世民还是这么做了。最高权力的争斗是无比严酷的，失败的一方只能接受对方的处置，丝毫没有任何转圜的余地。

从道德和情感的层面来讲，李世民发动"玄武门之变"是违背人伦道德和公平正义的，但是倘若换作是李建成和李元吉，在这种情况下应该也会置李世民于死地。这就是政治的残酷性，为了权力可以不顾一切，连骨肉亲情都可以弃之不顾。所以说，生在皇室家族是李氏兄弟的幸运，同时也是他们的悲哀。他们虽然是地位尊贵的皇子，但时时刻刻都在处心积虑地与自己的手足争夺权力，从来没有享受到兄弟之情的温暖。

三天之后，李世民因"救社稷有功"被立为皇太子，而秦王府的官员们也是一人得道鸡犬升天，封官赏赐自是不在话下。除了立李世民为太子的诏书之外，唐高祖还颁布了一道诏令，内容是："自今后，军机、兵仗，凡厥庶政，事无大小，悉委太子断决，然后闻奏。"他主动将所有国家大事的处理权都交给了李世民。

十六日，几乎失去所有权力的唐高祖准备退位，或许他心里也知道他和李世民关系不佳，并且多次打压他，所以借此给自己留个面子，也留条后路。但李世民拒绝了高祖的这一请求，因为他自己也不想造成逼父让位的表象。但事已至此，贪恋皇位也是徒劳无功。两个月之后，唐高祖主动下诏将帝位让给李世民，自己退居二线，当起了太上皇。八月初八，李世民在东宫显德殿即皇帝位，成为大唐王朝的第二位君主，是为唐太宗。

回顾李世民与李建成争权的全过程。李建成和李元吉曾多次设计来打击李世民的势力，但这些计策之间不成体系，相互孤立，虽然能使李渊对李世民越来越疏远，但始终没有一次打击能沉重致命，令他彻底垮台。而根据史书的记载，李世民对付李建成只有两次，一次是"杨文干事件"，一次就是"玄武门事变"。这两次都是计划周详，能予李建成以沉重打击。自始至终，李世民都以一种军事家的眼光对全局进行把握与控制。将夺权之事，当成一场战争来打，怎能不胜？

玄武门之变，李世民胜利了。但这个"弑兄挟父"的罪名终究不太光彩，而且这个问题就像一块挥之不去的阴影笼罩在李世民的心头，久久不肯散去。李世民是个好皇帝，但是不管他立下再大的功绩，他的头上都永远刻着篡位者的标志。明末学者王夫之一再揭露李世民的疮疤，他说唐太宗的行为有些邪恶，但因为他的贞观之治曾是历史上令人憧憬的黄金时代，千百年来，当人们谈及此事时，多采用回避的态度。

然而无论如何，李世民赢了，"二十四史"，从来都是胜利者的宣传史，失败者的完蛋史，此话不假。李世民当上皇帝后，基于自己的优势地位和强烈的"原罪"心理，对史官大加关照，那些史官们端详了一下手中的笔，伸手摸了摸自己的脑袋，也罢也罢，功过都予后人评吧，先保住自己的命要紧。于是，就有了现在看到的正史。

李世民虽然对史料进行了修改，但并不能抹去自己的这段历史，玄武门之变成了他的"原罪"。

正是对玄武门"原罪"耿耿于怀，在这件事的鞭策下，李世民借鉴历史，实行仁政，励精图治。他吸取隋朝灭亡的原因，非常重视老百姓的生活。他强调以民为本，还常说："民，水也；君，舟也。水能载舟，亦能覆舟。"

太宗即位之初，下令轻徭薄赋，让老百姓休养生息。唐太宗爱惜民力，从不轻易征发徭役。他患有气疾，不适合居住在潮湿的旧宫殿，但他在隋朝的旧宫殿里住了很久。贞观之初，在唐太宗的带领下，全国上下一心，经济很快得到了好转。到了贞观八、九年，牛马遍野，百姓丰衣足食，夜不闭户，道不拾遗，出现了一片欣欣向荣的升平景象。也许贞观之治有些被夸大了，贞观时期比乱世当然好，也比一般的和平时期强，但远没有现在通常吹捧的那样美好。但有一点是值得肯定的，人们的生活确实在一天天地好转，老百姓们看到了希望。

是不是改了史书，有了卓越的政绩，李世民找到了心理平衡，不再为此事耿耿于怀了呢？鲁迅先生说："一部中国历史，概括起来，无非'瞒'和'骗'这两个字。"但是对于李世民来说，他瞒得了世人，但能瞒得了自己吗？"原罪"这种东西，在心理上是很难消除的，一直会伴随这个人一生。已近暮年的唐太宗像所有的老人一样，喜欢回忆，喜欢怀旧，喜欢反思。于是他又恢复李建成太子封号，还把跟李元吉妃子生下的孩子过继到其名下。李世民这样做还有一个目的，那就是寄希望于后代，不要再发生玄武门惨剧。

李世民最终也没有摆脱"原罪"的纠缠，但无论如何，他都开创了一代盛世，为中国日后的发展奠定了坚实的基础。

第五章

贞观之治,光照百代的盛世牡丹

"一日之恶"与"三年之善"

登基之后的唐太宗面临着一个重大的问题，那就是如何处理太子李建成和齐王李元吉留下来的残余势力。虽然这两人已经在"玄武门之变"中丧生，但他们的死并不代表着太子集团势力的最终消亡。这些势力依旧分布在全国各地，随时都有可能威胁到自己的统治。这是一个巨大的挑战，究竟应该对他们实行安抚政策，收买人心，还是武力镇压，消除隐患？唐太宗也难以抉择。

早在玄武门事变之后，秦王府的将领们就在这个问题上各执己见，大部分人都认为应该将太子的这些余党全部处死，以免放虎归山，日后难以处理。但尉迟敬德认为，如今最重要的是安抚人心，既然李建成和李元吉已死，滥杀无辜只会丧失民心，弄得天下大乱。

唐太宗也认为如此甚好，于是便以唐高祖的名义颁下诏书，大赦天下，表示除了李建成和李元吉两人，其余人一概不予追究。对于政敌的残留势力，唐太宗的这种做法是十分明智的，一来可以稳定局势，使人心思归，为日后的统治打下坚固的基础，二来可以缓解天下人对于他杀兄夺权这种行为的谴责。

对于唐太宗想要"化干戈为玉帛"的和解态度，大部分太子和齐王的旧部都"心术豁然，不有疑阻"，冯立、薛万彻等人在政变后很快就归顺了李世民。对于他们的配合，唐太宗也十分满意，称他们以前为太子卖命，也是忠义之士。由于东宫集团首领等人纷纷归顺，那些散落在长安附近的东宫兵勇也都放下了武器，长安附近的隐患基本解除了。

但事情到这里并没有结束，地方上还有一些势力集团不满李世民的统治，制造出不少事端。李建成在各地的残部中，势力最强大的当属幽州大都督、庐江王李瑗和泾州总管罗艺。庐江王李瑗是唐高祖堂兄的儿子，于武德元年（公元618年）被封为庐江王，任信州总管，武德九年（公元626年）升至幽州大都督。

李瑗和李建成的关系十分密切，在李建成与李世民争夺帝位的时候一度准备在北方策应。但事实上，李瑗并非将才，所以朝廷派将军王君廓到幽州担任他的副手。李瑗很有自知之明，知道自己对处理军事没有天赋，再加之王君廓是朝廷派来的命官，所以对他十分尊重，遇事都与他商议，还与他结成了儿女亲家。

李世民早就知道李瑗和李建成的关系非同一般，所以玄武门之变后，他便马不停蹄地派人召李瑗回京，以免他在幽州制造出什么事端。为了让李瑗不疑有他，李世民还特意让崔敦礼作为使者前往幽州。从地理位置来看，幽州离长安还是有一定距离的，所以李瑗可能知道朝廷发生了事变，但具体情况不甚明朗。敕使崔敦礼的到来一时间让李瑗慌了手脚，不知如何是好。在和王君廓商量之后，李瑗决定先将崔敦礼扣押起来，再找燕州刺史王诜前来商议大事。

就在此时，李瑗手下的兵曹参军王利涉却对他说："大王您如今不奉召入京又拘押来使，已经如同谋反。现在各州的长官都是朝廷命官，未必肯听从您的指令，如果征兵不起的话，该如何处理呢？"李瑗听后也觉得有理，便向他询问具体事宜。

王利涉接着说道："山东之地是窦建德的故地，现在还有很多窦建德的部下。大王您应当使他们官复原职，在当地镇守，如此河北之地就没有后顾之忧。之后再联合燕州刺史王诜，北连突厥，您再亲率大军开往洛阳，不出两个月便可以平定天下。"王利涉还认为王君廓曾经跟随李世民东征并颇受宠信，所以并不可靠，应该先将他除去，让王诜掌控兵权。

然而，李瑗和王利涉的谈话被王君廓得知，他决定先下手为强，王君廓首先找到了王诜，将不知所以的他杀死并砍下其头颅。随后，王君廓又带着王诜的首级向众士兵宣布：李瑗和王诜私自扣押朝廷来使，意图谋反。如今逆臣王诜已被我除去，你们跟着李瑗只有死路一条。何去何从，你们自己考虑。

众人见局势已定，便跟随王君廓将崔敦礼从牢中放了出来。虽然是大势已去，但为了自保，李瑗还是带领手下的几百将士手持兵刃意图反抗，但被王君廓当众勒死。一场兵变还没开始就宣告流产，李瑗的头颅被送到长安之后，王君廓因平叛有功，代替李瑗成了幽州大都督。

李瑗死后，唐太宗的目光又落到了泾州总管罗艺的身上。罗艺是隋朝旧臣，后归顺李唐王朝，征战多年，立下了不少功勋。唐朝建立之后，罗艺和李建成关系密切，曾经帮助他招揽了大批将士驻扎在东宫，号称"长林军"。但这件事后来被高祖发现，李建成受到了严厉的谴责。而罗艺却因为劳苦功高，得以赦免。

事后，罗艺被高祖放了外职，镇守泾州。太宗即位之后，为了安抚住他，便下令封他为开府仪同三司。但区区开府仪同三司并不能满足罗艺的野心，他"惧不自安"，借检阅军队之机召集了大军来到了幽州，意图谋反。

太宗闻讯后大惊，马上派长孙无忌和尉迟敬德率大军前去镇压。让人出乎意料的是，朝廷的讨伐大军还未到达，当地的太守赵慈皓便联合统军杨岌将罗艺赶出了幽州。兵败之后，罗艺抛弃妻子向突厥逃去，但是在到达宁州之时被部下所杀，首级被传到了京师。至此，李建成残留下来的两大武装力量迅速溃灭，可见此时太宗是众望所归，李建成的残部已经是强弩之末了。

除去了李瑗和罗艺两大武装力量，唐太宗还对消除山东和河北之地的隐患做出了很大的努力。李氏家族出于关陇政治集团，因此，建立政权后，唐高祖起用了很多关陇地区的政治阶层人员。和高祖一样，唐太宗登基以来，山东人士也没有得到公平的待遇。

贞观元年（公元627年），殿中侍御史张行成对太宗这种因地域原因对人才差别对待的做法进行了劝谏。当时唐太宗"言及山东、关中人，意有同异"，张行成便劝他道："臣听说天子以四海为家，不应以东西为界。如果陛下这样的话，天下人便会觉得您内心狭隘了。"太宗听了张行成的话，很有感触，便打破成见，擢用了很多山东地区的人才。

河北地区本来是窦建德和刘黑闼的势力范围，当年刘黑闼起兵谋反，李建成奉旨出征。他听从了魏徵的建议，在当地实施了"安抚民心"的政策，破了刘黑闼的大军。从此之后，这片地区就成了李建成的势力范围。玄武门之变后，一部分太子残部逃到了这里，在暗中威胁着唐太宗的统治。为了消除河北地区的隐患,只能怀柔安抚,武力镇压只会适得其反。

为此,太宗派魏徵出使河北。魏徵本来是窦建德的部下,平刘黑闼时献计有功,在河北地区颇有人望。魏徵没有辜负唐太宗的期望,到达河北之后,按太宗的旨意将一些太子原来的残部释放,以此来获得当地地主豪强的支持。除此之外,魏徵还主持减免了当地的赋税,百姓对此感恩戴德,人心渐趋平稳。

就在太宗登基两个月后,他下令封李建成为息王,封李元吉为刺王,并以亲王的礼仪安葬。葬礼举行的那天,太宗允许太子宫和齐王府的人前去送葬,而他本人也是在宜秋门上痛哭流涕。贞观十六年(公元642年),又追赠李建成为皇太子,李元吉为巢王。

天下安定之后,唐太宗便开始着手于民生、军事、法律等各个方面的治理,在几年时间内,便使得天下富足,社会稳定。对于李世民的治国之能,后人一直颇为称许,许多人认为这是因为他天赋异禀,具有常人无法比拟的政治才能。其实与生俱来的智慧和后天培养的治世才华确实是唐太宗的长处,但不是他能够创造贞观盛世的唯一原因。

蛋糕的切法

自武德九年（公元626年）六月李世民被立为皇太子开始，他就开始为自己的领导班子进行"换血"，即将原来秦王府的官员慢慢转移到国家的最高权力机关中，用他们来代替高祖时期的旧臣。所以秦王府的众多谋臣在这段时间内都得到了迅速的升迁，例如长孙无忌和杜如晦被擢升为左庶子，房玄龄和高士廉则被封为右庶子。再加上太子詹事宇文士及，新的领导集团已经初具规模。

一个月之后，李世民又有了进一步的举动，他任命房玄龄和高士廉为宰相，并将兵部和吏部的大权交由杜如晦和长孙无忌掌管。这一次是李世民掌权时期最高领导阶层的第一次较大的调整。通过这次调整，宰相集团一改以往全部是高祖旧臣的局面，焕发出了新的生机。但随着时间的推移，新旧宰相之间逐渐出现了不小的隔阂，有鉴于此，唐太宗又逐步用调职或罢黜等方法将这些旧官员排除出了最高权力机构。

在这些被罢黜的高祖旧臣中，萧瑀、陈叔达和宇文士及因在武德年间就归属唐太宗，且对他获得帝位有一定帮助，所以在离开之后得到了较好的待遇。而封德彝因为生前在李世民和李建成中间首鼠两端，犹豫不决，贞观十七年（公元643年），唐太宗下令收回他死后的赠官和食封，就连他的谥号也被更改。从唐太宗对这些高祖旧臣的处理态度，可以清楚地发现，太宗是个既念旧情又不能忘旧怨的人，他对宰相裴寂的处理就是最好不过的例子。

裴寂早在晋阳起兵的时候就跟随在唐高祖李渊的身边，可以说是李唐王朝不折不扣的开国功臣。他虽然在才能各个方面都不如同一时期的刘文静，但因为和高祖是多年至交，所以仕途一路畅达。武德二年（公元619年），朝廷发生了著名的"刘文静事件"，这场表面上是裴寂和刘文静的意气之争的案件，最后以刘文静的被冤杀而告终，而裴寂基本上没有受到任何惩罚。或许就是在这个时候，唐太宗就开始对裴寂怀恨在心，所以多年后，裴寂也迎来了他命运的低谷。

其实在武德九年（公元626年）之时，裴寂受到的待遇还是不错的。此时的他虽然只有司空的虚职，但还是朝廷的一等公，并拥有着朝廷赏赐的一千五百户封邑。如果情况不发生太大的变化，纵然手中没有实权，这些爵位和封邑也足够裴寂安享晚年了。但到了贞观三年（公元629年），局势还是发生了巨大的变化。唐太宗下令免除了裴寂的一切官职，并将他的封食邑削减了一半，将其"放归本邑"，原因就是当时的"法雅"一案。

遭到罢职的裴寂本想留在京师，但唐太宗却将武德年间的旧事重提，认为遣他回乡已经是念及旧情，法外开恩，不容商议。无奈之下，裴寂只好回到了家乡蒲州。但事情到这里还没有结束，不久之后，汾阳就传来了"裴公有天分"的谣言。

唐太宗听闻这件事后大怒，他当着众臣的面历数裴寂的四大罪过，其中包括"位为三公而与妖人法雅亲密"，其后"负气愤怒，称国家有天下，是我所谋"，回到蒲州后有"妖人言其有天分，匿而不报"，最后"阴行杀戮以灭口"，条条都是死罪。念及他是开国重臣，唐太宗决定免除他的死罪，但"活罪难逃"，遂下令将他流放到偏远的静州，后死在回京途中。

处理完这些武德旧臣后，唐太宗还下令起用了魏徵、王珪和温彦博等人。唐太宗这么做的目的有两个，其一是他的确看重这几人的才华，希望能够收归己用，帮助自己处理朝政，其二是这种不计前嫌的做法能够体现出他作为一个君主的宽容和大气，对此时经历乱局、亟须安抚的人心很有帮助。

到了贞观三年（公元629年），房玄龄、杜如晦、温彦博、魏徵等人都先后进入了国家的最高决策层。这样一来，最终的领导集团的主要成员都是由唐太宗亲自选拔的官员组成，这对他日后施行自己的政治方案和巩固自己的统治起到了极其关键的作用。

完成权力重组之后，唐太宗将迎来一项更为重大的挑战，那就是治理这个庞大的帝国。古往今来，多少帝王败在"能得天下不能治天下"的怪圈之下。唐太宗之所以能为世人所称道，就是他做到了一般的君主难以做到的事，既以武功得了天下，又凭文才治理了天下。言易行难，要打造这让后世人无限神往的大唐盛世，唐太宗付出的努力和辛酸也是任何人都无法切身体会的。

"大乱之后，其难治乎"，如何在这纷纭的国事中理出头绪，确立自己的治国方向？关于这个问题，唐太宗在登基之初就和群臣讨论过。这场治世之论异常激烈，在唐太宗的鼓励下，大臣们各抒己见。每个人的想法都不同,看法和意见数不胜数,难以统一,但其中较为有代表性的是名臣魏徵和封德彝的辩论。

在魏徵看来,如果天下长久安定,民众则骄逸,不容易教化,但战乱之后,百姓经历了愁苦,则比较温驯听话。这就如同饥者思食物,渴者思饮水,道理是一样的。所以说,唐太宗所说的"大乱之后",不是难治,而是易治。

听了魏徵的话,唐太宗也提出了自己的疑惑,他询问魏徵:"一个善于治理国家的君主,要使得天下大治恐怕也要百年的时间。如今天下已是大乱之后,能很快达到天下大治吗?"魏徵回答道:"话虽如此,但圣人说过治天下,只要上下齐心,三年之内必定可以将天下治理得井然有序。"唐太宗心下暗许。

但封德彝对魏徵的看法并不十分认同,他反驳道:"自夏商周三代以来,人心越来越向奸佞讹诈发展。因此,秦朝用严酷的律令,汉朝则是王霸道相杂用,这些都是人心不稳造成的结果,不是不想将天下治理好。魏徵是个书生,不识时务,只懂纸上谈兵。倘若听信他的言论,国家的灭亡指日可待。"因此,他主张施行严刑峻法,加强统治的力度,这一看法也得到许多人的认同。

魏徵不甘示弱,反唇相讥,说道:"古往今来大乱之后大治的例子比比皆是,黄帝、颛顼、商汤、周成王都是如此。如果按你所说,古人都人心纯朴,今人都渐渐奸恶,岂不是今天的人都变成鬼了吗?那样的话,人主还怎样治理天下?"

魏徵和封德彝二人各执己见,你来我往,争得不可开交。但最后,英明的唐太宗还是采纳了魏徵的意见,并据此制定自己的治国方略。

孟宪实先生说："这是贞观之治历史上最重要的一次辩论，是事关国家基本政策的思想交锋，也可以说是一次思想解放运动。这个争论代表了唐初的两种统治路线。两种路线，一是王道，一是霸道。"二者都有一定的合理性，但要看世事的具体时间和状况，而此时的唐朝正需要用"王道"来安抚天下臣民，而不是用"霸道"来武力镇压。

亲身经历隋末大乱的唐太宗更清楚地知道，百姓之所以作乱都是为时势所逼，如果不是没有生存的机会，是不会放着好好的日子不过去当盗贼的。所以，李唐王朝虽然是靠武功夺得了天下大权，但唐太宗认为此时应该采取魏徵所提倡的"王道"，与民休息，制定合理的政策让百姓安居乐业，如果一味地用重刑重律，不仅不能"止盗"，反而会使得人心不稳，社会动乱。

一头是吏治，一头是军制

为了国事能够更好地进行，唐太宗还下令在唐初的各项政治制度的基础上进行改革，建立起新的政治制度，其中对吏治的改革就是重中之重。官员是皇帝的左膀右臂，治国方略的提出需要他们来出谋划策，既定国策的实施也需要他们去具体执行。可以说，官员们的好坏优劣直接关系到国家的稳固和发展。如果没有一批高素质的官员，那么无论君主多么励精图治，也都是徒劳无功的。

如《新唐书·百官志》所记载："唐之官制，其名号禄秩虽因时增损，而大抵皆沿隋故。"唐因隋旧，中央实行三省六部制。唐朝的三省为中书省、门下省和尚书省，是国家最高的政务机构。三省中，关系最为密切的是中书省与门下省，合称"两省"或"北省"（尚书省称为南省）。中书省与门下省同秉军国政要，中书省掌制令决策，门下省掌封驳审议。

首先，政府的一切最高命令，皆由中书省发出。此种名义上为皇帝诏书的"敕"，乃是由中书省所拟定，即所谓"定旨出命"。中书省中，正长官中书令外，设有副长官中书侍郎，之下又有中书舍人。中书舍人官位虽不高，却有拟撰诏敕之权。遇事，则中书舍人各自拟撰，是谓"五花判事"；然后再由中书令或中书侍郎于初稿中选定一稿，或加补充修润，成为正式诏书，再呈送皇帝画一敕字，即为皇帝的命令。

其次，门下省掌审议副署权，每一命令，必须门下省副署，始能发生正式效能。门下省主管长官侍中及副长官侍郎，接获来自中书省的诏书后，即加以复核。在门下省侍中侍郎之下，设有若干第三级官，谓之给事中。给事中之地位与中书舍人相类，官位不高，却须对敕发表意见。门下省若反对此敕，需将原敕批注送还中书省重拟，称为"涂归"，亦称"封驳""封还""驳还"等。

唐太宗非常重视中书、门下两省在中枢政务机构中所发挥的作用，《资治通鉴》载：他于贞观元年（公元627年）十二月对群臣说："中书诏敕或有差失，则门下当然驳正。人心所见，至有不同，苟论难往来，务求至当，舍己从人，亦复何伤！比来或护己之短，遂成怨隙，或苟避私怨，知非不正，顺一人之颜情，为兆民之深患，此乃亡国之政也。"在他的眼中，中书、门下协助皇帝决定大计方针，为"机要之司"，同时也是防止个人专断的有效措施。

之后，国家一切最高政令，经中书定旨、门下复审，即送尚书省执行。尚书省是政府结构里职位最高权力最大的行政机构。尚书省长官尚书令，下设左、右仆射，其下各设左、右丞。"尚书省，天下纲维，百司所禀，若一事有失，天下必受其弊者。"《旧唐书·戴胄传》中所载的唐太宗的这几句话便足以说明尚书省在中枢行政机构中的重要地位了。

尚书省共分六部，即吏部、户部、礼部、兵部、刑部、工部，下设二十四司，分工明确，各司其职。此六部制度，一直延续到清代末年，生命力延续长达一千多年。

吏部掌文选、勋封、考课之政，下统吏部、司封、司勋、考功四司；

户部掌天下财政、民政，包括土地、人民、婚姻、钱谷、贡赋等，所属有户部、度支、金部、仓部四司；

礼部掌礼仪、祭享、贡举之政，下统礼部、祠部、膳部、主客四司；

兵部掌六品以下武官选授、考课、主持武举，以及军令、军籍和中央一级的军训，所属有兵部、职方、驾部、库部四司；

刑部掌律令、刑法、徒隶并平议国家之禁令，其属有刑部、都官、比部、司门四司；

工部掌土木水利工程和国家农、林、牧（军马除外）、渔业之政，以及诸司官署办公所需纸笔墨之事，所属有工部、屯田、虞部、水部四司。

三省六部制虽然做到了权力的相互制约，有利于皇权的集中，而且对于提高中央机构的办事效率也很有帮助，但是到了贞观年间，还是出现一些弊端和很多需要完善的地方。因此，唐太宗便下令改革和完善三省六部制，使其更好地为国家服务。

首先，唐太宗废除了尚书令这一职位。在三省的长官中，尚书令的职权可以说是最大的，唐太宗在武德年间就担任过这一职位。但唐太宗登基后，朝廷便因为避讳，一直都没有再设置尚书令一职。如此一来，尚书令就成了一个虚设的空职。因此唐太宗便下令废除了尚书令，而以左、右仆射为尚书省的最高长官，由左、右仆射和中书令等人共同行使宰相的职权。

但这种制度有个缺陷，那就是在三省的官员中，左、右仆射为正二品，中书令、侍中为正三品，品阶都比较高。能被授予此官职的除了要有出色的才华，还须德高望重，能够使众臣心服。正是因为有着这样严格的限制，所以三省的高级官员人数一直都较少，根本不能满足朝廷对于人才的需要。

为了招揽更多的有才之士为国效劳，唐太宗下令调整这一制度。他经常让一些品阶较为低下但颇有治世之才的官员和宰相们共同辅佐朝政。这些人原本并没有进入中央朝廷的机会，所以他们在感激皇帝给予他们恩赐的同时，无一不竭尽全力为君王效劳。

这种灵活的官员任免制度不仅使全国各个阶层的人才都能够为国效力，还改变了原来三省之内一成不变的格局，增加了活力，提高了办事效率。这样做还有一个好处，那就是权力分散之后，各阶层官员之间能够相互制约，皇权的至高无上就得到了保障。

唐太宗还十分重视中央各个机构的办事效率，因此在中书省还特别设立了一种制度——"五花判事"。这本来是一种旧的制度，在唐朝之前很多君王都使用过，而并非唐太宗独创。但这项制度确实是到了贞观年间才得以彻底实施的，目的就是为了提高中书省的办事效率和加强官员之间的相互监督。

中书省的诏书起草主要是由中书舍人负责，而中书省按照尚书省的六部设置了六位中书舍人。所谓"五花判事"，就是指所有由中书省起草的诏书和政令，除了执笔的那位中书舍人外，还须由其他五位中书舍人加入自己的意见并签署自己的名字。并且在这之后，还须由中书舍人之上的中书侍郎和中书令审核之后才交由门下省勘察。这样的规定督促了两省的官员对待所拟诏令更加认真仔细，不容一丝马虎，在提高效率的同时也保证了工作的质量。据《资治通鉴》记载，"五花判事"推行之后"鲜有败事"，收到了很好的成效。

唐太宗是个十分开明的皇帝，他认为"以天下之广，四海之众，千端万绪，须合变通，皆委百司商量，宰相筹划，于事稳便，方可奏行。岂得一日万机，独断一人之虑也。且日断十事，五条不中，中者信善，其如不中者何？以日继月，乃至累年，乖谬既多，不亡何待？"

所以，只要是对政事有利的事，他基本上都能够接受并给予鼓励。例如，他就常常鼓励中书和门下省的官员集思广益，不要墨守成规，对于自己认为不合理的事要敢于提出自己的看法，不能因为惧怕上级和权贵就是非不分。

要提高政府的办事效率仅仅靠改组国家最高领导层是不够的，接下来，唐太宗便命房玄龄根据"量才授职，务省官员"的原则，制定出朝廷官员的具体限额，以此来裁减官员，解决隋朝遗留下的冗官冗费现象。隋朝官员队伍庞大，政府开支十分巨大，而这些负担就自然而然地加到了百姓身上。

到了唐朝，官员队伍更加壮大，贞观元年（公元627年），礼部侍郎刘林甫主持官员的选拔时，仅六、七品的官员就"将万余人"，可见当时的官员人数何其壮观。为了精简官员队伍，房玄龄等人经过多方面的查实，确定了中央机构的官员为六百四十人比较合理，而地方官员的数量也应酌情递减。

此外，为了加强对地方官吏的监督，唐太宗还在贞观元年（公元627年）下令将全国分为关内道、河南道、河东道、河北道、剑南道、岭南道、陇右道、淮南道、山南道和江南道等十道，以此来作为州县行政区域之外的监察区域。朝廷按时派出官员到各地巡查，但这些官员到了地方之后只负责"观风俗之得失，察政刑之苛弊"，而不得干预地方官员的正常公务。

唐太宗还下令特设了监察巡省，监察巡省并没有特定的官员，而是根据皇帝的需要临时派遣。这样一来，职权就明显分开，官员专权的现象大大减少。加之监察力度的加强，各地的吏治在短时间内都有很大的改善。但事物都有其两面性，监察制度在提升地方吏治水平的同时还存在着很大的弊端，它带来的地方权力的增强为唐中后期藩镇林立埋下了祸根。

改革吏治的同时，唐太宗还下令完善了兵制。在初唐时期，"举天下不敌关中，居重驭轻之意明矣"。府兵制在贞观年间所发挥的积极影响是不可替代的。形势变化，其作用也不可同日而语。唐朝军队能够横扫西域，击败突厥，以及在后来的多次战争中取得胜利，府兵制有不小的功劳。

唐代的府兵是世兵，职业军人，和汉朝缺乏训练的农民军不同。众所周知，全民皆兵，生产工具就是战斗工具，生活就是战斗，这是游牧民族战斗力强的重要因素。唐代利用世袭职业军人的大量训练，造就出战斗力更强的农民兵，在相当程度上抵消了游牧民族的优势。范文澜评价过府兵制："府兵制的抽兵法，对生产的影响不大，又有全国保卫朝廷和防守边镇的意义，民众服兵役的劳苦也比较均平，在贞观时期，府兵制是一种好的兵制。"

唐太宗时的府兵制以均田制为基础，达到了比较完善的地步。政府将农民按贫富分为九等，六等以上的农民，每三丁选一丁为府兵。二十岁开始服役,到六十岁才免役。唐太宗时,全国分置六百三十四个折冲府,均由十二卫和东宫六率分领。

府分三等:上府兵一千二百人;中府兵一千人;下府兵八百人。每府最高长官为折冲都尉。府兵除出征与轮流卫戍外,其余时间均居家种田;农闲时接受军事训练,由折冲都尉统率教习攻战之术。遇到有战事发生,府兵由中央临时任命将领统兵出征,战事结束,兵士散于府,将领归于朝,平时每年须轮流宿卫京师,还须定期镇戍边疆。

府兵的任务,最主要的一项是到京城宿卫,多由距京城较近的关内、河南、河东诸道府兵担任,这几道府兵兵额也占全国府兵总数的三分之二以上。其职责除宿卫宫禁外,还包括诸王府、各官府及京城警卫巡察等治安之责。

因此,在府兵制下,军民是一家,一个男子既是军人也是农民。但是国家出于省钱的考虑,不给出钱买兵器,连粮食、日常用品都要自备。由于府兵平时务农,生活无异于农民,自给自足,国家又省了一笔军费开销。战争时期,由中央临时配备将领,战争结束后,将帅则解除兵权。这种措施使军队不至于成为将帅私有,减少了军人拥兵专擅或割据的可能性。

府兵制的出台是唐朝初期国家形势的需要。贞观年间,国家刚刚从硝烟里走出来,土地荒芜,人口锐减,百姓朝不保夕,国库也十分空虚。这时候如果把青壮男丁都抽调出来,不仅国家要养着他们,每个家庭也少了一个干农活的主力。这样,家庭和国家的负担都重了。还没来得及喘息,大唐又要背着沉重的负担行进,显然不现实。

鉴于隋文帝统治时期改革府兵制的成效，唐太宗决心加以继承发扬。经过一番精心筹划，制定出进一步发展府兵制的方针政策，形成了一套完备的府兵制度。贞观元年（公元627年），唐太宗刚即位不久，立即着手改革兵制，到贞观十年（公元636年），下令仿照隋朝鹰扬府和唐初十二道府兵建制，于全国各地设置折冲府，"更号统军为折冲都尉，别将为果毅都尉，诸府总曰折冲府。凡天下十道，置府六百三十四，皆有名号，而关内二百六十一，皆隶诸卫"。

总之，唐太宗在贞观年间进行的政治改革可以说是"革故鼎新"，针对唐朝当时的国情构建了适合的政治制度。这些改革都完成了之后，唐代的国家机构得到了很大程度上的完善，变得更加简洁明了，效率也得到了很大的提高。

织一张遍被天下的网

"县官急索租，租税从何出"（《兵车行》）、"借问新安吏，县小更无丁，府帖昨夜下，次选中男行"（《新安吏》）、"县吏知我至，召令习鼓鞞，虽从本州役，内顾无所携"（《无家别》），杜甫的这三首诗中，都有一个"县"字。古之郡县，乃地方行政区域，每每国家打仗、征税，必以县为单位。"县"在古时候发挥着非常重要的作用，它也是唐朝地方制的一个组成部分，它对民众的社会生活有着直接的影响，是国家治理中必不可少的一部分。

唐初的地方制，亦如三省六部制一般沿袭隋朝的旧制，地方上有州（郡）、县两级。州设刺史，有时称郡，则设郡守；县设县令。州、县均按其地位之轻重、辖境之大小、户口之多寡以及经济开发水平之高低分为上、中、下三等。三万户以上为上州，二万户以上为中州，二万户以下为下州；五千户以上为上县，二千户以上为中县，一千户以上为中下县，其余为下县。近京之州称辅州，京都所在县名赤县，京之旁邑谓畿县，此外还有雄、望、紧、上、中、下等级，一般也是按户口多少而定。

州的长官为刺史，上州刺史从三品，其下佐官有别驾、长史、司马、录事参军事、录事、司功、司仓、司户、司田、司兵、司法、司士等，又有市令、丞、文学、医学博士等。中、下州刺史皆正四品下。县的长官不分大小统称令。京县令，正五品上；畿县令，正六品上；上县令，从六品上；中县令，正七品上；中下县令，从七品上；下县令，从七品下。佐官有县丞、主簿、县尉等。

州、县官员都是"亲民"之官，掌本级地方政府的政令。一方面负责刑狱治安，征敛赋役；另一方面"宣扬德化""劝课农桑""务知百姓之疾苦"。《新唐书·百官志》说："县令掌导风化，察冤滞，听狱讼。凡民田收授，县令给之。每岁季终，行乡饮酒礼，籍账、传驿、仓库、盗贼、堤道，虽有专官，皆通知。"可见县令统管一县所有军政事务，并且亲自处理刑狱。

所以，州县官员的选任，得人与否，对封建政权的稳固关系甚大。唐自太宗开始，就很重视地方吏治，他曾说自己"居深宫之中，视听不能及远，所委者惟都督、刺史，此辈实理乱所系，尤须得人"。他亲自过问刺史的选用，并把各地都督、刺史的名字写在屏风上，凡做"善事"的就在其名下记上一笔。贞观八年（公元634年）又派李靖等人到各地巡查，升迁廉吏，惩罚贪官，问民间疾苦。

除州、县外，唐朝还有许多另设的地方级别。贞观元年（公元627年），唐太宗根据山川形势把全国划分为十个监察区（即道），称十道。开元二十一年（公元733年），唐玄宗又分江南道为江南东道和江南西道，分山南道为山南东道和山南西道，从关内道析出京畿道，从河南道析出都畿道，增置黔中道，共成十五道，这种监察区在一定程度上具有行政区的性质，州、县二级建制实际上变成了道、州、县三级建制，出现了"制敕不下支郡，刺史不专奏事"的局面。

首都或陪都所在地有"府"的建制。开元元年（公元713年），唐玄宗改雍州为京兆府，洛州为河南府，并州为太原府，长官称"牧"，由亲王挂名遥领，实际主持府政的是"尹"。后来又陆续设有凤翔、成都、河中、江陵、兴元、兴德等府。若皇帝不在京城，则置留守官，多由府尹或临时指定大臣兼任。唐玄宗以后诸帝都居住长安，但洛阳那套略同于长安的职官建置并没有省去，凡在那里任职的，叫作分司东都，或称为分司。

为了管理周边少数民族事务，唐代在边疆设置了都护府，所谓"都护"，其意本为监察。从贞观到天宝年间，唐朝先后设置过六个都护府：安东都护府、安南都护府、安西都护府、安北都护府、单于都护府和北庭都护府。

为适应边防军的需要，自唐睿宗时起开始设立节度使，由统领当地军队的都督兼任。节度使中的地方州郡，仍由朝廷委任的各道按察使监督。天宝年间，节度使增至八个：安西节度使、北庭节度使、河西节度使、范阳节度使、平卢节度使、陇右节度使、朔方节度使和河东节度使，节度使们集地方军、政、财权于一身。著名历史学家范文澜曾说："节度使在其地域，可以指挥军事、管理财政，甚至该地区用人大权，亦在节度使之掌握，于是便形成'藩镇'。而且唐代边疆节度使逐渐擢用武人，于是形成一种军人割据。本意在中央集权，而演变所极，却成为尾大不掉。"

县以下在农村实行乡里制，《通典》有云："大唐凡百户为里，五里为乡。"里设里正，乡设耆老。乡、里是最基层的政权，一切政令行于民间，皆依赖里正贯彻。"里正之任，掌按此户口，课植农桑，检察非违，催驱赋役。"与乡里制相关的是邻保制，一保有五家、十六家、二十家之说，尚无定论，但在古代文书中，常见"连保"及保人均摊代纳等情况。

大唐帝国的体制无疑是周密的，它有效地对臣民进行管理，加强了地方与中央之间的关系，以防止割据和流民的情况大肆泛滥。全方位一体的国家地方制度，不但使其王朝受益，就连远在海外的日本也深得其惠。在中国的唐代，日本曾多次派遣遣唐使来中国学习政治制度、法律、宗教、教育等各方面知识。公元645年，日本历史上最重要的一次改革"大化革新"，不但照搬了唐朝三省六部制，还以唐朝的郡县制为蓝本，设立了国、郡、县三级地方行政体系，对于日本形成以天皇制为核心的中央集权封建制国家影响巨大。

除此之外，整个地方制如同一张铺天盖地的大网，将社会中的大部分人群都纳入其中，使其总能找到至少一个所属的群体。这样做的弊端是使受剥削的百姓无处可逃，但同时也确实为民众提供了一种可以依靠的归属感，这对增加民族凝聚力同样具有不可代替的作用。

治世，以人为本

柏杨先生曾经对唐太宗李世民有这样一番评价，说："自从盘古开天辟地，李世民大帝是中国帝王中最初一个被中国人真心称颂崇拜的人物，固由于他的勋业，也由于他本身的美德。他治理国家的一言一行，也成为以后所有帝王的规范。"此言着实不假。

唐太宗固然让世人景仰，但他之所以能够开创唐朝盛世，在于他一开始就充分意识到治理天下要以民为本。从贞观初年，他力排众议，采纳了魏徵以"王道"治国的建议，就可以清楚地看到这一点。孟子有云："民为贵，社稷次之，君为轻。"唐太宗也曾说过："凡事皆须务本。国以人为本，人以衣食为本，凡营衣食，以不失时为本。"所以，施行新的政策来满足百姓的衣食住行，使他们能过上衣食无忧的富足生活是贞观年间唐太宗首先要考虑的问题。

经过了隋朝末年的混战，唐朝初期，社会经济各个方面都受到了严重的破坏，可谓是人口凋敝，百废待兴。武德年间，唐高祖虽然针对这些情况做出很大的努力，但由于他在位时间较短，再加上前几年全国各地还不稳定，随时都有战乱爆发，所以所取得的效果并不十分明显。

贞观初年,唐朝的经济还未充分恢复,社会经济也比较萧条,而唐太宗要做的就是与民休息,恢复生产。百姓是天下之本,而对于百姓来说,最重要的就是农业和土地。为此,太宗下令继续推行高祖时期颁行的"均田令"。

"均田令"虽然诞生于高祖时期,但直到贞观年间才逐渐成熟并彻底推行到全国各地。在武德年间,根据"均田令",地主豪强可以合法拥有大批土地。但一些贵族官僚并不满足律令所规定给他们的田产,于是便利用职权侵占了很多百姓的土地。这样一来,百姓的授田数量就普遍不足了。

为了解决这一问题,唐太宗希望将这些被贵族夺占的土地重新分给当地农民。因为土地仍然不足,他还下令将本来要分给官员们的土地分给百姓,而对于官员们欠缺的粮食则由朝廷从官仓中拨出。不仅如此,他还以身作则,将自己的皇家园林的面积减少,而将这些裁减出来的土地分配给百姓,并鼓励百姓开荒种粮。

为了保证生产,唐太宗还下令各地官员在所在地劝课农桑。他还定期派遣官员到各地视察,一是为了监督地方官对朝廷政策的实施力度,二是让自己能够随时了解各地的民生状况,为日后制定和调整政策提供依据。

土地是百姓生活的承载,但生产的主体还是人口。在以农耕制为主体的封建社会,充足的劳动力就象征着强大的社会生产力,但唐代初期的人口状况却不容乐观。唐初人口的锐减要归咎于隋末的乱战,武德年间,全国的人口不足隋朝的四分之一,只有两百余万户,根本满足不了生产。

步辇图（局部） 唐 阎立本

养正图册·玄宗临镜 清 冷枚

面对这样的状况，唐太宗采取了许多措施。贞观初年他就下令将宫内多余的三千宫人悉数放归民间，他下诏说："妇人幽闭深宫，情实可愍。隋氏末年，求采无已，至于离宫别馆，非幸御之所，多聚宫人，皆竭人财力，朕所不取。且洒扫之余，更何所用？今将出之，任求伉俪，非独以惜费，兼以息人，亦人得各遂其性。"

唐太宗放归宫女的做法在当时取得了很大的影响，首先这些宫女不必再因得不到君王的垂怜而在深宫寂寞之中了此残生，这也充分表现了皇帝的仁慈和宽大；其次，这也体现了皇帝的节俭，不仅给万民做出了表率，也给天下百姓减轻了负担；最后，这些放归出去的宫女虽然人数不多，但也能投入到日常生产中去，更重要的是，她们的自由给予天下百姓对这个君王强大的信心，使他们能够安心地在他的统治之下生活。

除此之外，鼓励百姓生育、奖励婚嫁等政策都在贞观年间得以实施。根据朝廷的规定，唐朝的男子二十岁，女子十五岁就可以成婚。不仅如此，为了鼓励生育，唐太宗还将一个地方人口是否增长作为考核当地官员政绩的一项重要指标。经过全国上下多年的努力，到了贞观二十三年（公元649年），全国的人口数比高祖时期增加了一百八十万户。

为了进一步解决百姓的负担，唐太宗还下令裁并州县，缓解各地豪强割据的状态。唐代初期形成豪强林立、土地割据现象的原因要追溯到隋文帝时期。当年隋文帝为了改变各地"十羊九牧"的状况，下令将东汉末年以来的州、郡、县三级地方制度改为州、县两级。

这一举措在当时确实收到了一定成效，但随着隋末战争的爆发，各地豪强纷纷割地自立，这一制度基本上形同虚设。唐代初期，唐高祖为了缓解这一现象，下令恢复了郡县制，但因为当时人心不定，出于安抚各地势力的目的，设置的郡县数量大大超过了隋朝。

唐太宗因此"思革其弊"，下令将这些州县统统裁并。

到了贞观十四年（公元640年），这项指令基本上得以完成，改变了原来各地"十羊九牧"的现象。州、县等行政机构的减少，直接导致了所需官员数量的减少，这样一来不仅提高了各地官员的办事效率，还从很大程度上减轻了百姓的负担。

除此之外，为帮助百姓进行生产，朝廷还做出了许多重要的利民举措，兴修水利和设立义仓就是较为重要的两项。水利是农业不可或缺的因素，对于各地的水利建设，唐太宗是十分重视的，他还曾多次亲自视察黄河的治理状况。由于朝廷的重视，贞观年间，全国各地都积极兴修水利工程，并取得了很大的成效。这些或新建或在前代基础上进行修复的水利设施给百姓的生产带来了便利。

设置义仓是历朝历代都会施行的一项利民政策，目的是储备粮食防止灾年的饥荒。事实上，隋文帝在开皇年间也在各地设置了义仓。但他的儿子隋炀帝不像他的父亲那样节俭，在位期间不顾民生，大肆挥霍，使得义仓内的粮食储备消耗殆尽。

贞观二年（公元628年），唐太宗下令在各地重设义仓，重新恢复它储备灾粮的作用。为了给义仓储粮，朝廷颁布具体的施行措施，规定每亩良田征收粮食两升，商人按照其资产来缴纳粮食，特殊的民户可以不交。

为了稳定市场，平抑物价，朝廷还特设了常平监官，以官府的名义对市场进行调控。常平监官在物价下降的时候收购商品（主要是粮食），上涨时则将这些商品抛售出去，保护百姓们的利益。政府的这些努力收到了很好的效果，贞观四年（公元630年），天下富足，米粮不过三四钱一斗，到了贞观八年（公元634年），也不过四五钱，到了贞观十五年

（公元641年），更是下降到了二钱，百姓根本无须为粮食担忧。

与此同时，唐太宗下令推行"轻徭薄赋"的政策，目的是减轻百姓的负担，让他们安心生产。该政策一经推行，百姓的生产积极性得到了很大提升，生产也得以恢复。贞观时期"天下大稔，流散者咸归乡里，米斗不过三四钱……东至于海，南极五岭，皆外户不闭，行旅不赍粮，取给于道路焉"，大治的情况已经初步出现。

唐太宗深知战争是最消耗民力的事情，隋朝的灭亡很大程度上就是因为隋炀帝好大喜功，发动了太多的战争，才导致国库入不敷出，民生凋敝。所以唐太宗即位之后就尽量避免战争，因为战争不仅要消耗人力物力，还会损害刚刚稳定不久的民心。

例如当时益州大都督窦轨给太宗皇帝上书，称益州当地的獠民叛乱，希望朝廷能够发兵前去讨伐。但唐太宗却不同意窦轨的看法，他认为獠民依山而居，自然有自己的风俗习惯。地方官员如果可以用恩德来使他们内心感激，自然就会臣服于朝廷，不能动不动就对百姓大动干戈。

"贞观之治"的诞生可谓是占尽了天时地利人和，"大乱后大治"是魏徵给太宗提出的治国思想，吕思勉先生在他的《史学论著》中说："其能致三十余年之治平强盛，承继汉、魏、晋、南北朝久乱之后，宇内乍归统一，生民幸获休息；塞外亦无强部。皆时会为之，非尽由人力也。"也是这个意思。虽非"尽由人力"，但也不能抹杀贞观年间唐太宗的励精图治和群臣的鼎力辅佐。

在唐高祖打下的基础上，雄才大略的唐太宗凭借傲人的智慧，虚心的态度，宽广的胸襟，踏实的实干精神，再加上一批德才兼备的臣子从旁协作，终于完成了心中梦寐以求的治世理想，创造了唐朝两大治之一的"贞观之治"。

把别人的头脑变成自己的资源

唐太宗不仅知人善任，而且性喜纳言，可谓是胸怀宽广，从谏如流。贞观三年（公元629年），唐太宗对身边的臣子说过这样一番话：

"君臣本同治乱、共安危，若主纳忠谏，臣进直言，斯故君臣合契。古来所重。若君自贤，臣不匡正，欲不危亡，不可得也。君失其国，臣亦不能独全其家，至如隋炀帝暴虐，臣下钳口，卒令不闻其过，遂至灭亡，虞世基等寻亦诛死。前事不远，朕与卿等可得不慎，无为后所嗤！"

纵观历史，凡是不听谏言的独夫往往难以稳坐天下，而广开言路的明君则可以开太平之世、青史留名。就如唐太宗分析的，隋炀帝就是由于暴虐昏庸，臣下们都不敢进言，所以才任由国势日颓，最终亡了国。既然唐太宗要吸取隋朝灭亡的教训，反其道而行之，那么他无疑就要面对一个问题，那就是如何处理好自己和群臣之间的关系，达到既兼听则明，又使皇帝威权不会因此受到动摇的目的。

其实人性都有弱点，对于一个尊贵的君王来说，向地位比自己低下的臣子纳言更是涉及自尊和身份问题。但事实上,虚心纳言不仅不会让一个君王有失颜面,还有助于改善和群臣的关系,更重要的是于治理国家有益。所谓"自尊和身份"是纳谏的一个关键之处,唐太宗显然是清楚明白这一点的,所以并没有把求取臣下的意见作为有失帝王身份的一件事。

唐太宗这种做法对于贞观时期的官员来说是一个很好的机会,那些对治国之道有独特见解的官员可以通过向皇帝进言的途径来表达自己的想法,如果被君主采纳,无疑就是晋升的良机。因此,自贞观初年(公元627年)以来,向太宗皇帝进言的奏章就源源不绝,而唐太宗的这种虚心求教的态度也让天下人都甚为赞叹,这也是他成为千古明君施行的德政之一。

事实上,唐太宗善于纳谏的优点早在他当秦王的时候就已经开始表现出来。如果不是虚心听取手下将领们的意见,他也不会在无数次的征战中建下赫赫功勋。当年的洛阳之战,围困王世充之时,由于洛阳城坚如磐石,一时难以攻下,而窦建德的援军又步步逼近。在这腹背受敌的情况下,许多人都劝他先行退兵,暂避锋芒,以图日后再战。而郭孝恪和薛收则与众人不同,他们认为退守不是最终解决问题的办法,只有围城打援才是良策。

最终,唐太宗力排众议,决定兵分两路,留齐王李元吉守城,自己则亲率大军前去迎击窦建德的援军,取得了决定性的胜利。郭孝恪和薛收之所以敢于在众人都主张退守的时候提出自己的意见,自然是因为李世民向来鼓励手下将士各抒己见,不以言罪人,并且不只凭自己的判断一意孤行。

到了武德末年,李世民被立为太子之后,他就令百官上书,提出关于国家治理的意见，登基之后，更是鼓励臣下们大胆对朝政提出自己不同的看法。他希望用这种方式来获得百官们对于新生统治者的态度和看法，给日后治理国家打下基础。

贞观年间，臣下敢于向皇帝进言，并且能够被皇帝接纳的例子数不胜数，其中最突出的就是名臣魏徵。魏徵本来是李建成的太子洗马，和李建成的关系十分密切，素来就以敢于直谏而闻名天下。玄武门事变后，李建成被杀，魏徵作为前太子的旧臣也被召到唐太宗面前问话。唐太宗问他："你为何要挑拨我们兄弟之间互相争斗？"魏徵面对唐太宗的诘问，不卑不亢地答道："如果太子早听臣的话，也不会死于今日之乱了。"对于魏徵这种敢于直言的性格，唐太宗十分欣赏，所以他不但没有治魏徵的罪，反而封他为谏议大夫，将他留在了身边。

获得重用的魏徵十分感激唐太宗的知遇之恩，因此就以知无不言、言无不尽的直言进谏来回报太宗。关于军国大事，魏徵向唐太宗直谏不下五十次，一生中所上劝谏皇帝的奏疏多达"数十余万言"，虽然忠言逆耳，但唐太宗还是十分信任他，只要是魏徵提出的建议，唐太宗一般都会给予考虑。所以，他们君臣之间关系处理得很好，成为唐史上的一段佳话。

由于唐太宗的励精图治，到了贞观六年（公元632年），天下治理已经初见成效，各地都纷纷向皇帝进贡。就在这一年，各地出现了不少祥瑞之兆，于是朝中许多大臣就向太宗皇帝进言，希望他能封禅泰山，将自己的功劳告知上天。这件事让唐太宗异常兴奋，因为能够封禅泰山，无疑是对自己政绩的极大肯定。

但是这一次魏徵又表示反对，而且态度异常坚决。在唐太宗的询问下，魏徵解释道："如今陛下在治理天下方面虽然取得了一定的成就，但还是远远不够的。经历大乱之后的国家就如同一个病人，虽然现在病痛已经除去，但因为原来患病太久，所以要慢慢恢复，不宜太过劳动。"魏徵的比喻非常生动，唐太宗也采纳了他的意见，没有举行封禅泰山的仪式。

贞观八年（公元634年），中牟县丞皇甫德参向皇帝上书进言，称："修洛阳宫，劳人，收地租，厚敛；俗好高髻，盖宫中所化。"皇甫德参只是个小小的县丞，竟敢将劳民伤财的利剑直指皇帝和后宫，这让唐太宗十分恼怒。他即刻找来房玄龄等人，说道："皇甫德参难道想让国家不施行劳役，不收取赋税，也想让后宫之人不留发髻吗？他上这样的奏疏是什么意思？"

这时，魏徵站了出来，他劝唐太宗道："自古以来，上书不言辞激烈怎么会引起君王的注意呢？皇甫德参的言辞看似诽谤讥讽，其实不然。依臣所看，陛下这几年纳言不如以往豁达了。"听了魏徵的解释，唐太宗心中的怒火也消除了不少。最后不仅没有处置这个胆大妄为的县丞，反而提拔他当了监察御史。由此可见，魏徵的话对于唐太宗的决定有着不可小觑的影响力。

为了鼓励臣下进言，唐太宗还采取了奖赏的办法。对于上书进言有功的，太宗皇帝都给予一定的物质鼓励。例如贞观四年（公元630年），给事中张玄素因为修建洛阳宫一事向皇帝进言，就获得太宗皇帝两百匹绢的恩赏。

贞观四年（公元630年）六月，唐太宗下令在洛阳修建宫殿，原因是以后总会去洛阳办公，因此最好有个居所。这个理由看似冠冕堂皇，但给事中张玄素却上书反对，称修建洛阳宫并非十万火急之事，如今国事纷纭，陛下应该把精力放到别的事上。在奏章中，张玄素还历数隋炀帝奢靡亡国的事例，希望以此能够劝阻皇帝，让他能够以勤俭治国。

张玄素的奏折让唐太宗大为恼火，他怒问张玄素："你说朕不如隋炀帝，那么比之夏桀和商纣王，朕又如何呢？"面对君王的指责，张玄素从容不迫，回答道："如果陛下您执意要修建洛阳宫，那后果就将会和这些暴君一样，弄得天下大乱。"唐太宗思虑再三，也觉得自己考虑得不够周全，又考虑到张玄素以民为本的良苦用心，所以最终还是下令停止了对洛阳宫的修建。除了张玄素，著名的御史马周也因为上书有功，在贞观十一年（公元637年）被赐帛百匹。

唐太宗这种从谏如流的态度甚至影响到了后宫，虽说古代帝王大多不允许后宫女子干政。但在开放的唐朝，女人也是可以适当发挥自己的聪明才智的，前有唐高祖的皇后窦氏，后有一代女皇武则天，而太宗的长孙皇后更是辅佐君王的典范。有皇后做榜样，后宫的嫔妃们也是尽力帮助皇帝，一旦有什么有助国事的想法，都敢于直接向皇帝表达。例如，唐太宗的嫔妃徐氏就因为劝谏有功，在贞观二十二年（公元648年）得到了皇帝丰厚的赏赐。以此看来，"贞观之治"的出现和唐太宗善于纳谏以及臣下们敢于直言是分不开的。

法制精神的光芒

除了改革吏治、完善兵制，唐太宗还下令修订唐律，给官员们的执法提供一个可靠的依据。事实上，隋文帝时期的法律还是比较宽松和公正的，但到了他的儿子隋炀帝时期，情况就发生了巨大的改变。隋炀帝在位时期施行严刑峻法，在当时的律法中，死刑的条例很多，甚至连偷一斗米也会丢掉性命。

早在晋阳起兵之时，唐高祖为了取得天下人的支持，就颁布了宽刑的诏令。攻入长安后也下令大赦天下。李唐王朝建立后，他在统一全国的战争中还不忘修订律法，给量刑定罪提供一个有效并且可靠的依据。高祖李渊在即位后便下令废除隋炀帝时期的《大业律令》，以"务在宽简，取便于时"的准则重新制定了《武德律》，并颁行全国。

和父亲一样，唐太宗李世民也认为一部简洁易行的律法对于一个国家的治理来说是非常重要的。于是在贞观初年他便下令，命长孙无忌和房玄龄等人根据高祖时期的《武德律》来修订新的律法。

这部律法的编纂历经十年之久，终于在贞观十一年（公元637年）颁行全国，是为《贞观律》，也就是《唐律》，其中修订出律十二卷，五百条；令三十卷，一千五百四十六条（一说一千五百九十条）；又从武德以来发布的三千余件中，定留七百条，编为格十八卷；又定式二十卷，三十三篇。

《旧唐书·刑法志》说，新律"比隋代旧律，减大辟者九十二条，减流入徒者七十一条……凡削烦去蠹，变重为轻者，不可胜纪"。经过这次大修改，唐代才有了属于自己的独具特色的律法。

唐律的基本思想延续了唐高祖的仁义宽刑思想，具体来说就是"仁本"和"刑末"的思想，即所谓"仁义，理之本也；刑罚，理之末也"。《唐律》中对于执法官员审理案件有明确而又严格的规定，不能对犯人严刑拷打，以此来逼供。而应根据案件的情况反复斟酌和查证，最后才能给犯人定罪。如果有严刑拷打的现象出现，法官将会因此受到杖责的处罚。当然，在实际的操作过程中也不排除有一些拒不认罪的人和一些证据不足的案件，所以"拷讯"作为一种辅助方式在《唐律》中还是存在的。

但是，《唐律》更严格地规定了拷问程序，首先拷问犯人不能单独进行，必须有当地的长官共同在场。其次，对同一犯人的拷问不得超过三次，最后，对于拷打的程度也有具体的限制，一旦有人因逼供致死，则负责审讯的法官以杀人罪论处。这些规定都是为了防止执法人员滥用酷刑，从而导致冤假错案的发生。

不仅如此，唐太宗还下令取消了五十多种死刑，他先是将对犯死刑的人的惩罚措施改为施以断其右足的方法，但后来又觉得不妥，最终将这些死刑改为了流刑；并且将判处死刑的条目较以往减少了将近一半，还废除了许多残酷的刑法，如鞭背和断趾等。而对于死罪的判定，唐太宗也是十分重视的，他认为死者不可复生，并建议日后处决犯人，都要通过中书和门下的官员以及尚书九卿共同的决策，这也表现了唐太宗的仁慈和对生命的珍视。

据记载，河内人李好德患有严重的心疾。这种病是一种神经系统的疾病，一旦发作就会胡言乱语，做出一些常人无法理解的事，影响社会的稳定，于是官府逮捕了李好德。对于李好德的处理，当时的大理丞张蕴古认为李好德是患病之人，不能因此判处他的罪行。唐太宗听后也觉得有道理，便同意了他的奏请。可能是张蕴古得到这个消息后太过兴奋，所以亲自到狱中将皇帝赦免的事情告诉了李好德。然而就因为张蕴古的这一举动，被御史弹劾他和李好德有亲戚关系，因此徇私枉法。

唐太宗看到弹章之后大发雷霆，不假思索便下令将张蕴古斩首示众。但这只是唐太宗盛怒之下一时冲动做出的决定，冷静下来之后他便心生愧疚，开始后悔了。他想本来事情就不明朗，而且就算情况属实，那张蕴古也罪不至死，这么处理实在是太草率了。皇帝在盛怒之下又有谁敢阻拦呢？但人非圣贤，唐太宗也会有自己的喜怒哀乐，如果再发生类似的事件又该如何处理呢？于是便有了上述对于死刑判定的慎重处理。

《贞观政要》曾经称赞贞观初年的法治精神："贞观之初，志存公道，人有所犯，一一于法。"可见贞观年间《唐律》在全国的推行是十分顺利的。然而这一切的成绩和辉煌都有赖于唐太宗的辛劳和严格，也有赖于臣下们的努力。在《唐律》颁行之后，唐太宗为了保证它能够顺利地在全国各地贯彻和实施采取了许多措施，并做出了巨大的努力。

唐太宗首先做到的就是以身作则，唐太宗曾说过"法者非朕一人之法，乃天下之法"，更在实际行动中做到了这一点。例如，吴王李恪因打猎损坏了百姓的庄稼和土地，受到了罢免官职，并削去三百封户的惩罚。长孙皇后的叔叔长孙顺德参加过晋阳起兵，在"玄武门之变"中也立有大功，他犯了法也是照样下狱审查，没有因为他的功勋就得以免除。

扬州刺史赵节是长广公主的儿子，也就是唐太宗的外甥，贞观七年（公元633年），赵节参加太宗太子李承乾的谋反。谋反本来就是当诛九族的死罪，与之稍有牵连就性命不保，所以依照律法，赵节应当处死。但长广公主苦苦哀求唐太宗，甚至以头触地，希望他能念在骨肉至亲的分上饶过自己的儿子。唐太宗见姐姐如此，心中也十分矛盾，但为了维护律法的公正，他拒绝了长广公主的请求，并对她说："赏赐不回避仇敌，惩罚不袒护亲属。朕虽贵为天子也不能违背这个道理。"

对待臣下，唐太宗更是严格，这些官员本来知法，倘若再犯法，就罪无可恕了。贞观三年（公元629年），濮州刺史庞相寿贪赃枉法被查，最后被处以罢官的处罚。但庞相寿是秦王府的旧臣，他想以此向皇帝请求宽恕自己的罪行，于是给太宗皇帝修书一封。

唐太宗本来想念及旧情放他一马，此时魏徵站了出来。他劝唐太宗道："以往王府的旧人如今在各地为官的不在少数，如果都想仗着过去的荣恩来徇私枉法，这样怎么不让天下人心寒呢？"唐太宗听了之后，觉得魏徵说得很有道理，于是亲自对庞相寿解释，一国之君不能徇私情而违背律法，因此不能赦免他的罪过。唐太宗严于律己、以身作则，不因违法之人是自己的亲人、旧友或是劳苦功高的老臣就徇私舞弊。虽然他的内心也有痛苦，也有挣扎，但他还是尽自己最大的努力来维护律法的尊严，堪称胸怀广阔、目光深远的英明君主。

"人非圣贤，孰能无过"，英明睿智的唐太宗也有犯错误的时候，但他的可贵之处就在于他知错能改，并不因为自己是一国之君，天下之主就磨不开面子，不肯承认自己的过失。事情还要从一个贪官的头上说起，这个官员叫党仁弘，是当时广州的都督。党仁弘身为一方父母官，不仅不为百姓造福，还擅自将百姓缴纳的赋税收入自己的囊中，并收受贿赂，欺压当地的少数民族，让他们充当自己的奴隶，可谓是罪大恶极。

党仁弘被告发后，按律当处以极刑。但此时唐太宗的善心又一次"发作"了，因为党仁弘年事已高，又对国家有过大功，太宗于是想对他从轻发落，免除他的死罪，将他贬为庶人。事后，唐太宗也觉得此事不妥，定会让天下人心寒。所以，他不顾众臣的阻拦，向天下人下了一道罪己诏，在其中历数了自己的三大罪过，一是知人不明，二是以私乱法，三是未能赏善诛恶。态度诚恳，让人感动之余也心生赞叹。

在唐太宗和众位臣子的努力下定型的《唐律》，以其内容的广泛性和严格性成为中国古代最重要的法律经典之一。它的种种规范也都充分体现了唐太宗"以人为本"的思想，以及重视生命的态度和廉洁公正的品德。

节俭，成就生活之美

武德四年（公元621年）五月，秦王李世民率领唐朝大军破了王世充，攻下了东都洛阳。当他看到洛阳城富丽堂皇的宫殿时，不禁发出了这样的感叹："隋炀帝如此穷奢极欲，怎么能不亡国灭身呢？"感叹之余，李世民便下令拆毁了洛阳城的端门楼，并一把火烧了乾阳殿等宫殿。一时间，"天下翕然，同心欣仰"，对秦王的做法无不赞叹。或许就是在这个时候，李世民就下定了决心，决不能重蹈隋炀帝的覆辙，要反其道而行之，将天下治理得欣欣向荣。

贞观初年，刚登基不久的唐太宗就和群臣总结了隋朝灭亡的原因，认为隋朝本来是个实力雄厚的大帝国，都是因为隋炀帝耽于享乐，生活太过豪奢靡费，并且好大喜功，频繁地发动战争，使国库虚空，入不敷出，这才弄得天下大乱，民不聊生，最终亡了国。为了国家的长治久安，唐太宗决定吸取隋朝灭亡的教训，开源节流，大开勤俭之风，进行彻底的变革。

为了给天下臣民做出表率，唐太宗本人的日常生活就十分节俭。按照惯例，新皇登极，就算不为之营建新的宫殿，也应该在原来的旧址上重新修葺一番。但唐太宗认为这样做太过奢靡，不仅费时，还要消耗很多的财力和人力。所以他在即位之时住的宫殿还是隋朝时修建的，已经显得陈旧，根本配不上天子的规格，但他并不在意。

据记载，唐太宗早年就患有较为严重的气疾，应该就是今天所说的心血管病的一种，而他居住的宫殿条件简陋，夏季炎热，冬季寒冷，又十分阴暗潮湿，对他的身体很不好。因此，臣下们都十分担心他的健康，到了贞观二年（公元 628 年），终于有人忍不住给皇帝上书，请求给他修建一所新的宫殿，但是被唐太宗拒绝了。

于此，唐太宗是这样解释的："朕虽患有气疾，不宜居住在这些阴冷潮湿的宫殿里。但如果要为我修建新的宫殿，肯定会造成很大的浪费。从前汉文帝想修建一个露台，却因为估计到要花费十户人家的资产而作罢。朕的功德远不及汉文帝，但花费却超过他数倍，这不是为君之道。"《旧唐书·窦威传附窦琎传》中提到，当时的高官窦琎就是因为修葺洛阳宫的时候开凿了池塘，并修建了假山，将宫殿装饰得十分华丽，被责"虚费功力"而罢官，甚至那些奢华的景致也被唐太宗下令拆除。

除了在居住方面尽量从简外，唐太宗还减少了宫廷的消遣娱乐设施，给国库省下了大笔经费。早在登基之初，他就下令将后宫饲养的珍贵的观赏动物，诸如鹰犬之类全部放生，并下令各地不许再向皇宫进贡这些东西。唐太宗在放弃自己享乐的同时，也减轻了全国百姓的负担。百姓们不用再担心为皇宫进贡，能将更多的精力放在农业生产上，而官员们也不能借此机会盘剥任下百姓了。他还下令将后宫多余的三千宫女放归民间，这既节省了后宫不必要的开支，又使宫女们摆脱了老死宫中的凄惨命运，从而可以拥有自己的家庭和生活，显示了唐太宗对天下万民的一片仁爱之心。

据说隋炀帝的皇后萧氏从突厥归来后，唐太宗将这位表嫂迎进了皇宫奉养。一年正月，唐太宗决定陪萧皇后庆祝，便命宫人点起明灯，请萧皇后一起观赏。唐太宗的这次安排在贞观初年间已经算是比较奢侈的举动了，于是他不无炫耀地询问萧皇后："你看今日这些灯火，比起隋炀帝时的怎么样呢？"

萧皇后面对唐太宗的垂问只是笑而不语，在唐太宗的一再追问下，她才道出实情："炀帝的时候，每年的正月，大殿前都要设置有沉香木堆成的火山几十座，点燃之后香气宜人，十分壮观。"而这样的火堆一个晚上竟要消耗掉两百多车沉香木，此外萧皇后还告诉唐太宗，隋炀帝的寝宫用的是夜明珠照明，没有一丝烟火气，不像唐太宗用的是木柴和油膏。其实以唐朝此时的国力，完全能够使唐太宗过上比隋炀帝还要奢华的生活，但他并没有将这件事放在心上，也没有做出什么攀比的举动。

不过唐太宗力行节俭主要是在贞观初年，随着境况的好转，唐太宗也不免萌生了享乐之心。他之所以还能做到克勤克俭，主要归功于臣下们的直言进谏，而唐太宗本人也是个善于纳谏之人。例如，修建洛阳宫一事，张玄素就劝谏力阻，唐太宗虽然心生不悦，最终还是接纳了他的意见。再如泰山封禅一事，也因魏徵的劝阻而未能成行。

除了自己俭省之外，为了减少国库的开支，唐太宗还下令降封宗室，就是削去或降低分封过多的王公爵位。李唐王朝是中国古代封爵较多的一个王朝，唐太宗对于这件事十分苦恼。因为这些获得爵位的宗室们无须劳动，也无须向国库纳税，依靠国家赋税来养活，对于国家财政的压力是很大的。

为了解决这一问题，唐太宗垂询了大臣封德彝，封德彝认为本朝的确分封过滥，这样会让天下人感到不公平，对于百姓的休养生息和国家积蓄力量也是有害无益的。听了封德彝的话，唐太宗当即就决定削减封王，将一些没有功勋的郡王降为县公，以此来实现他的"养民"政策。

在古代，大范围地削减封爵对于皇帝来说是很危险的一件事，除非皇权受到了严重威胁，否则大部分皇帝们往往宁愿用国家税收养着他们来换取安全，明朝著名的靖难之役就是由于建文帝的削藩而引起燕王朱棣起兵叛乱，以致最后建文帝失去帝位的。

不过唐太宗的做法比较缓和，他并没有强制裁减所有的宗室爵位，只是降了一些没有功勋的郡王爵位，这样既缓和了矛盾，还给了宗室之人建功立业的动力，再加上李世民本人就十分节俭，给皇室做出了表率，让人十分钦佩。所以对于他的这项决定，李氏宗室也没有什么非议。

除此之外，唐太宗还明令禁止铺张浪费，并要求朝廷的高级官员和皇亲国戚们都要严格遵守，给天下臣民做出表率。隋代以来，官宦贵族家庭"以高坟为行孝，遂使衣衾棺柳，极雕刻之华，灵輀冥器，穷金玉之饰"，造成了极大的浪费。因此唐太宗坚决反对厚葬，并规定皇家"因山为陵，容棺而已"，以简朴为上。

因为皇帝起到的表率作用，大臣们之中以勤俭为人称道的更是不在少数，魏徵和戴胄就是其中典型的例子。戴胄一生为官清廉，死的时候连下葬的地方都没有，唐太宗闻后十分伤感，感叹的同时下令为他营建一座小庙，来供奉他的灵位。

　　再如中书令岑文本，虽是三省大员，但住宅十分破旧，阴暗潮湿，就连帷帐等生活必需品都没有。旁人看不下去，劝他置办一些，他却以身为朝廷命官，已经受到朝廷太多恩宠，应多为国为民，不能贪图享乐为由拒绝了。贞观一朝，在皇帝的带领下，举朝上下形成一种勤俭节约的良好风气，"二十年间，风俗素朴，公私富给"。开元年间更有人评论太宗时期的节俭之风，云"隋氏纵欲而亡，太宗抑欲而昌"，对其赞叹有加。

第六章

太宗群臣,托起盛世羽翼的风

君臣的一段理想"婚姻"

以铜为镜,可以正衣冠;以史为镜,可以知兴替;以人为镜,可以明得失。

——李世民

"贞观之治"的出现,使得整个国家政清国晏,四海升平,百姓安居乐业。在这个后世无法企及的治世高峰之上,有着后世帝王的楷模——唐太宗李世民,也有着一大批绽放着炫目光芒的名臣。正是因为这些德才兼备的大臣们辅佐,才有了这大唐盛世不朽的传奇。而魏徵作为其中的佼佼者,也和唐太宗一起青史留名,享受后世人的赞誉。

魏徵,字玄成,祖籍巨鹿,后移居相州内黄。魏徵自幼家境贫寒,迫于生计,早早就出家做了道士。魏徵喜好读书,在道观之中,他悉心学习了各种典籍,并且尤其精通纵横之术。隋末天下大乱,魏徵遂追随武阳郡丞投奔了瓦岗寨。在瓦岗寨之中,魏徵一直没有得到重用。李密归降唐朝后,他也随之归唐。

随后，他奉命安抚山东，却正好遇到窦建德率军前来攻打黎阳。在攻城的过程中，魏徵不慎被俘，窦建德见他颇有才华，便任命他为起居舍人。后来窦建德兵败，魏徵便跟随了当时的太子李建成，担任东宫洗马，负责管理东宫的书籍。

魏徵早年的境遇十分"坎坷"，他曾有《述怀》诗云："中原初逐鹿，投笔事戎轩。纵然计不就，慷慨志犹存。"可见他一直怀才不遇，虽然魏徵追随过李密、窦建德、李建成等不同的主公，但魏徵能够做到对于每一个现任主公都忠贞不贰，这也是难能可贵的。在魏徵一生之中，有两个人对他有过知遇之恩，一位是高祖的太子李建成，一位是唐太宗李世民。而对于这两个人，魏徵也用自己的实际行动报答了他们。

李建成是魏徵的第一个知己，对于当年落魄不得志的魏徵倾心相待、礼遇有加，这让魏徵十分感动。为了报答李建成对他的知遇之恩，作为东宫集团的核心人物，魏徵在武德年间的皇位争夺中给李建成出了不少主意。例如主动请征刘黑闼的建议就是他提出来的，李建成也正因此获得了战功并且收获了河北地区的民心。

魏徵还一直建议李建成采取极端手段，置李世民于死地，但没有被采纳。如此说来，唐太宗本应对于魏徵恨之入骨，但是为什么他在"玄武门之变"后并没有诛杀魏徵呢？一方面是由于唐太宗听取了尉迟敬德大赦的建议，另一方面也是由于魏徵的名声，以及他在面对唐太宗时不卑不亢的态度，使唐太宗起了爱才之心，于是"改容礼之，引为詹事主簿"。

关于唐太宗为什么不杀魏徵，而将他留在身边随时随地为自己提出建议，有史学家做了如下分析："可能正是从李建成不听魏徵谏的教训中，李世民刻骨铭心地看到了谏言的深刻作用，看到了魏徵的可贵，从此拉开了他受魏徵谏诤的序幕。尤其是在他登位以后，他们之间受谏和上谏的关系，达到了前无古人、后无来者的地步。"

确实，唐太宗有两个在帝王身上罕见的优点，一是他善于从前人的过失之中吸取教训；二是他知人善任、开明大度，能够听得进臣下的劝告，因此魏徵才得以在贞观朝如鱼得水，既完成了自己的政治理想，也为"致君尧舜上"尽了自己的努力，报答了唐太宗的知遇之恩。

唐太宗曾经就"为君之道"垂问魏徵何谓"明君"、何谓"暗君"，魏徵回答道："兼听则明，偏信则暗。"这就更加坚定了唐太宗从容纳谏的决心。魏徵此人性格耿直，不屈不挠，他一贯敢于犯颜直谏，就算是皇帝龙颜大怒，他仍然从容不迫，面不改色。

但唐太宗毕竟和一般的君主不同，面对魏徵的直言，他也是欣然相对。对于魏徵，唐太宗做出了很高的评价："贞观以来，尽心于我，进献忠言，安国利民，犯颜直谏，纠正我过失者，唯魏徵而已。"魏徵对唐太宗也很感激："陛下引导臣言，臣才敢言。若陛下不接受臣言，臣岂敢逆龙鳞，触忌讳！"君臣相得之情油然可见。

除了直言不讳，魏徵进谏还有一个特点，就是十分坚持，只要认为自己的意见是正确的，就一定要劝服皇帝接纳。贞观元年（公元627年），检点使封德彝检查府兵的时候发现兵力不足，便建议太宗把十八岁以上的中男也收入府军。

按照规定，男子二十岁以上为丁，而二十岁以下者都不用服兵役。但军队的强大是一个国家实力的重要体现，迫于形势，唐太宗也只得同意封德彝的做法。未料皇帝的敕书发了多次，每次都被魏徵驳回。唐太宗十分恼怒，大声斥责魏徵顽固不化，但魏徵依旧坚持不能"竭泽而渔"的观点，最终说服了唐太宗，这件事也随之不了了之。

但魏徵的直言不讳并不是每次都能起作用，有时也会让太宗皇帝很恼怒。因为魏徵总是在大庭广众之下直接指出他的过失，作为万乘之君的唐太宗经常在臣子们面前下不来台，颜面尽失。一次，可能魏徵的谏言太过激烈，使得唐太宗大怒不止，回到后宫之后，他骂道："朕迟早要杀了这个田舍翁！"

长孙皇后一开始不明就里，待弄清楚是怎么回事之后，马上回到寝宫换上朝服，跪下向唐太宗祝贺。唐太宗问她所为何事，长孙皇后答道："君明则臣直。陛下之所以有魏徵那样敢于直言进谏的臣子，正是因为陛下您是个圣明的君主。"由于长孙皇后的调和，唐太宗明白了魏徵的良苦用心，对他也更加看重了。

魏徵这个人还特别注重公平正义，平生最不喜人枉受冤屈，就连他自己也不例外。因为唐太宗对魏徵宠爱有加，使得朝中不少人都心生妒忌，于是便冤枉魏徵以权谋私，包庇自己的亲朋好友。唐太宗听说这件事后，便命御史大夫温彦博前去调查这件事。但温彦博一向与魏徵不和，便借此机会对唐太宗言道："魏徵身为朝廷重臣，却不知检点。即使此时查无证据，魏徵也要受到处罚，让他自己反省一下。"

听了温彦博的话，唐太宗也没有多加考虑就在朝堂之上，当着众臣的面指责了魏徵。魏徵觉得这件事本来就是子虚乌有，皇帝这么处理根本是有失公允，他便直言道："据臣所知，君臣本应同心同德，互为一体才是。彼此之间最重要的是以诚相待，如果只是纠结于一些无谓的小事,每天考虑避嫌,那么国家怎么能治理得好呢?"

唐太宗听言后也思虑甚久,魏徵又说:"希望陛下能让我做良臣,而不要做忠臣。"唐太宗不解,魏徵便解释道:"良臣自身有美名,而他所辅佐的君王也是功勋卓著,青史留名;至于忠臣,则因为犯上而招来杀身之祸,杀他的皇帝也落得个昏庸无道的骂名。"这番话让唐太宗感触良多,心中对魏徵的敬意又增加了一分。

人们之所以一提到唐太宗和"贞观之治"就想起魏徵,是因为魏徵在贞观年间扮演了一个重要的角色,就是无时无刻不在督促着唐太宗向一个贤明的君主的方向发展。就连唐太宗本人也称赞魏徵为"良工":

"玉虽有美质,在于石间,不值良工琢磨,与瓦砾不别。若遇良工,即为万代之宝。朕虽无美质,为公所切磋,劳公约朕以仁义,弘朕以道德,使朕功业至此,公亦足为良工尔。"

这段话赞扬的就是魏徵这种随时随地鞭策人心的作用。但和一般的臣子不一样,"谏臣"这个角色是非常难扮演的,一不小心就会招来杀身之祸。就像他自己所说,在"忠臣"和"良臣"中他想选择做"良臣",但这个选择不是他单方面所能够决定的。"忠臣"和"良臣"的抉择是一个双向的抉择,但以魏徵的性格来看,即使唐太宗不愿让他做一个"良臣",他也终将在"忠臣"这条道路上不畏艰险,一往无前。

贞观十七年(公元 643 年),魏徵因病辞世,唐太宗异常悲痛,甚至流下了泪水。他惋惜道:"人以铜为镜,可以正衣冠;以史为镜,可以知兴替;以人为镜,可以明得失。朕常保此三镜,以防己过。今魏徵殂世,遂亡一镜也。"

为了纪念魏徵的忠诚，他还特意为魏徵赋诗一首：

劲条逢霜摧美质，台星失位夭良臣。
唯当掩泣云台上，空对余形无夏人。

贞观十九年（公元645年），唐太宗征辽东大败而还。此时，魏徵逝世已经两年多了，唐太宗感叹道："倘若魏徵还在，他一定会阻止我征辽东，也不会有今日的惨败了。"

我并不只会惧内

秋露凝高掌，朝光上翠微。

参差丽双阙，照耀满重闱。

仙驭随轮转，灵乌带影飞。

临波光定彩，入隙有圆晖。

还当葵藿志，倾叶自相依。

——唐太宗《赋秋日悬清光赐房玄龄》

在唐太宗的众多文臣之中，除了魏徵，最为有名的便数房玄龄与杜如晦。中国有句著名的成语——"房谋杜断"，说的就是太宗时期的这两位才德兼备的宰相。不少人知道房玄龄，是因为那个著名的"吃醋"典故，但事实上他的政治才能更加值得名垂千古。

房玄龄，名乔，字玄龄（也有说名玄龄，字乔），乃齐州临淄人士。自幼便遍读经史，对于书法和文章尤其擅长，史称有"倚马立成"之文才。凭借自身傲人的才华，房玄龄十八岁就考取了齐州的进士，先后担任过羽骑尉、隰城尉等职位。隋朝的吏部侍郎高孝基善于相人，当他看见房玄龄之时，便对身边的裴矩说："仆观人多矣，未有如此郎者，当为国器，但恨不见其耸壑昂霄云。"高孝基确实所言不假，除了房玄龄，他还预言过另一个人有治世之才，那个人就是贞观年间的另一名相杜如晦。

隋文帝开皇年间，天下太平，时人都说杨家的天下会世代相传。而房玄龄却偷偷地对父亲说道："当今皇上无功无德，只是靠夺取近亲的权力才获得了帝位。如今他不为子孙立长久之计，却将嫡庶混为一谈。现在看来虽然是天下太平，但灭亡之日也不久了。"后来隋朝果然天下大乱，而李唐政权却崛起于太原，就在李世民率唐朝大军进入关中之时，房玄龄便投效于军门。李世民接见了他，两人相谈甚欢，有相见恨晚之意。

后来，房玄龄就成了唐太宗的得力助手，早在唐太宗还是秦王的时候，他就帮李世民出谋划策，处理政务，起草文书，对李世民忠贞不二。房玄龄非常有智谋，很早就开始为秦王招揽人才、积蓄力量做准备。早年李世民经常出征在外，没有精力去各地收纳人才，房玄龄就替他将这些人网罗到秦王府。就在别人都忙着搜刮钱财的时候，房玄龄却花尽了心思和这些能人志士融洽相处，想方设法使这些人甘愿为李世民效忠。唐太宗后来也赋诗云："太液仙舟迥，西园引上才。未晓征车度，鸡鸣关早开。"赞扬的就是房玄龄为其招纳贤才的功劳。

房玄龄的智慧不仅表现在他处理日常事务的娴熟之中，更表现在他早就知道各类人才是李世民日后崛起的关键因素，所以积极地为他谋划。

而他的廉洁则表现在他不贪慕钱财，而是看重实现自身的价值。就连唐高祖李渊也非常欣赏房玄龄，称赞他道："此人深识机宜，可委以重任。每为我儿陈奏事务，必通人心，千里之外，犹如面谈。"可见，在唐高祖眼里，房玄龄也是个不可多得的人才。

至于房玄龄为什么一生都对唐太宗忠心无贰，其中的原因很复杂。或许是因为他们彼此投机，也有可能是因为唐太宗对他的知遇之恩以及唐太宗本人的个人魅力，或许只是一种说不清道不明的君臣之间常年的默契和情感。

总之，在房玄龄的不懈努力之下，李世民身边聚集了一大批才华横溢且又忠肝义胆的人才，可以说，李世民之所以能够在武德年间和太子李建成一争高下，房玄龄的事前谋划功勋卓著。

因为房玄龄能力出众，于是他便渐渐成了当年东宫集团的眼中钉，李建成曾亲口说过，房玄龄和杜如晦是秦王府中最让人畏惧的两个人。为了剪除弟弟李世民的左膀右臂，李建成和李元吉想尽各种办法在唐高祖面前中伤房玄龄。最后的结果是李建成终于如愿，房玄龄和杜如晦被双双逐出了秦王府。

但李建成没有想到的是，房玄龄和杜如晦对李世民的忠诚，已经达到了可以为了他甘冒奇险在"玄武门之变"的前夜潜入秦王府，与李世民谋划第二天的大计的地步。"玄武门之变"的计划很周全，如何进如何退，如何攻如何守，都设计周密，其中也应该有房玄龄的功劳。

"玄武门之变"成功之后，李世民得了天下，自然要论功行赏。房玄龄和长孙无忌等人被评为第一功，得到了最丰厚的恩赏。然而这样的结果引起了不少老臣的不满，其中就包括李世民的堂叔李神通，也就是后来的淮南王。他认为，他们这些老臣追随李世民多年，又为他出生入死，建立了卓越的功勋，到头来反而比不上房玄龄和杜如晦这些文臣。于是李世民向他解释道："房玄龄就如同汉代时的萧何，运筹帷幄，有安定社稷之功。虽然他不曾亲征沙场，却在后方殚精竭虑，所以当居首功。"

唐太宗登基之后，由于当时的宰相班底都是高祖时期留下来的臣子，对于这些人，唐太宗并不十分信任，所以便采取了逐步更换的方法，用原来秦王府的官员们来代替他们。于是房玄龄以"玄武门之变"第一功臣的身份被擢升为宰相，进入了国家的最高机构。

当上中书令的房玄龄凭借自己出色的才华和丰富的经验，帮助唐太宗将国事治理得井井有条。因为他的出色表现，不久之后，就由他代长孙无忌为尚书左仆射，总理朝廷大事并兼修国史，身兼二职，十分辛劳。不过房玄龄的责任心很强，虽然中书令和尚书仆射的公务繁杂，但他处理任何事务时都是一丝不苟。为了保证各项事情都不出差错，他甚至为了公务废寝忘食。贞观十一年（公元637年），房玄龄因劳苦功高被封为梁国公，十六年（公元642年）又进司空，仍然掌管着朝政。

除了办事严谨认真有责任心之外，房玄龄为人十分豁达，对人也十分友善，众人都称他为"良相"。他对人不求全责备，对于别人的长处也不会心生妒忌，反而像是自己有这些优点一样，为之高兴，这也是他能够和各类人处理好关系的一大原因。

除了上述优点之外，房玄龄还有很多长处，比如他精通文学和法律，处理案件重视公平，看人也以才能为上，而不看重出身门第和贫富贵贱。正是因为有房玄龄这样优秀的臣子，唐太宗才得以将处理国事的重责大任放心地分担出去，也许正是因为房玄龄等人潜移默化的影响，唐太宗在成为一代明君的道路上才走得如此顺利。

正所谓"伴君如伴虎"，陪伴在君王左右，无论多么才华过人且小心谨慎，都是无时无刻不处在危机之中。随着年龄的增长，房玄龄也逐渐意识到自己在宰相之位上任职太久，而且身体也逐年变差，不能像年轻时那样胜任这份沉重的工作。于此，房玄龄非常明智，为了免除"晚节不保"的危机，他找了个机会主动向唐太宗提出辞去宰相之职的请求。

普通人相处久了都会有感情，更何况共同出生入死多年的君臣。面对房玄龄的辞官，唐太宗的第一反应就是拒绝。房玄龄也是多番推辞，但太宗皇帝始终不肯退让，最后他只得对房玄龄说："你学汉代的张良和窦荣主动让位，是害怕月盈则亏。这样知进知退，也是很难能可贵的。然而你担任宰相已经时日颇久，倘若辞官而去，则国家就会失去一位良相，朕也如同失去左膀右臂。要是你精力还没有衰退的话，就不要再推辞了。"

见皇帝如此这般挽留，房玄龄也不好再推让。但两年之后，他还是被罢了相。当时许多人都为他鸣不平，认为他劳苦功高，晚年竟然受到这样的待遇。更有人给唐太宗上书劝他收回成命，最后也是无果而终。房玄龄死时七十岁，死后谥"文昭"，配享太宗庙廷。后来褚遂良（唐朝著名书法家）在永徽三年（公元652年）为房玄龄墓刻了三千余字的碑文，其中就有"道光守器长琴振音，方嗣虞风仙管流声"两句，评价颇高。

房玄龄在临终之前也不忘国事，给唐太宗上了一道表，劝说他不要轻易出征高句丽。作为"凌烟阁二十四功臣"之一的房玄龄，因为不仅有谋国之功且有治国之才，得到的赞语是："才兼藻翰，思入机神。当官励节，奉上忘身。"

对于房玄龄，唐人柳芳有如下评断，甚为精恰：

"（房玄龄）佐太宗定天下，及终相位，凡三十二年，天下号为贤相。然无迹可寻，德亦至矣。故太宗定祸乱而房玄龄不言己功；王珪、魏徵善谏，房玄龄赞其贤；李勣、李靖善将兵，房玄龄行其道；使天下能者共辅太宗，理致太平，善归人主，真贤相也！房玄龄身处要职，然不跋扈，善始善终，此所以有贤相之令名也！"

一山二虎的幸福生活

吾爱房与杜，贫贱共联步。
脱身抛乱世，策杖归真主。
纵横握中算，左右天下务。
肮脏无敌才，磊落不世遇。
美矣名公卿，魁然真宰辅。
黄阁三十年，清风一万古。
巨业照国史，大勋镇王府。
遂使后世民，至今受陶铸。
粤吾少有志，敢蹑前贤路。
苟得同其时，愿为执鞭竖。

——皮日休《七爱诗·房杜二相国》

所谓"唐代贤相，前有房杜，后有姚宋"，杜如晦是与房玄龄并称的贞观名相，晚唐诗人皮日休这首诗就将二人并列，高度赞颂了他们的才华、气度和功业，可见房、杜二人在唐朝的威名。

杜如晦，字克明，生于京兆杜陵。他出生在官宦世家，曾祖杜皎和高祖杜徽都曾在北周为官，杜皎做过遂州刺史，杜徽则做过河内太守。而杜如晦的祖父杜果曾经官至隋朝的工部尚书，父亲杜咤为隋朝的昌州长史。杜如晦聪慧机警，幼时便好读书，且尤爱文史，颇有才名。

隋炀帝大业年间，杜如晦正当青春年少，当时的礼部侍郎高孝基看他才思机敏，便对他说道："公有应变之才，当为栋梁之用，愿保崇令德。今欲俯就卑职，为须少禄俸耳。"于是便将他补为滏阳县尉。杜如晦官至宰相之后，为了感激高孝基的知人之明，为他立了一道碑。隋炀帝虽然不是一个好皇帝，但是他手下的确出了不少颇具慧眼的官员，高孝基是一个，后来发现玄奘法师的郑善果也是一个。

为官后的杜如晦眼见隋朝官场腐败，不愿与之同流合污，再加上县尉本来就是个职位卑微的小官，所以不久之后，他便弃官回到了家中。杜如晦欠缺的只是一个机会，到了大业十三年（公元617年），他的人生终于迈出了一大步。这一年，李唐的大军攻破了长安城，建立了新的政权。

和房玄龄一样，杜如晦也算得上是唐太宗身边的老臣。早在唐太宗做秦王率军攻打长安之时，杜如晦就来到了当时已经闻名天下的李世民麾下。和很多前来投奔的能人志士一样，杜如晦得到李世民的重用。但秦王身边人才济济，又怎么会注意到一个默默无名的杜如晦呢？就在此时，高祖李渊发现李世民不甘人下的野心，所以找了个机会将很多官员调离秦王府，以此来削弱李世民的势力，其中就包括此时还名不见经传的杜如晦。

但一个人的适时出现阻止了杜如晦的离去，那就是深得李世民信任的房玄龄。房玄龄对杜如晦早有耳闻，他也非常欣赏杜如晦的才华。他对李世民说："王府之中虽然才华出众的僚属众多，但都不足惜。只有这个杜如晦，聪明机智又识大体，是王佐之才。如果秦王您想经营天下，非留下此人不可。"

因为房玄龄确实给李世民推荐过不少人才，所以对于他的话，李世民还是十分重视的，他说道："如果不是你及时提醒，本王险些失去这个人才。"于是李世民便上奏高祖，将杜如晦留在了秦王府，继续担任兵曹参军一职。

杜如晦不如房玄龄那么幸运，不像房玄龄那样一开始就为李世民所赏识并能够随侍左右。但好在有房玄龄这个"伯乐"慧眼识英雄，否则杜如晦可能就此离开秦王府，也不会有后来官至宰辅的机会了。

正是因为房玄龄的推荐，杜如晦不仅留在了秦王府，还得到了李世民的重用，跟随在他的左右，为他参赞机戎。在这段时间里，杜如晦没有辜负房玄龄当初引荐他的一番心意，凭借着自己的才华让李世民刮目相看。

武德元年（公元618年），杜如晦随李世民出征讨伐陇右的薛举，大胜而还。回到长安后，唐高祖论功行赏，李世民被封为陕东道大行台，杜如晦则任大行台司勋郎中，并受封为建平县男爵，赏赐食邑三百户。随后，杜如晦又跟随李世民参加过唐初的多次统一大战，如平刘武周、王世充等。杜如晦才思敏捷，又善决断，李世民有他在旁，可谓是如虎添翼，而杜如晦也就此成为秦王幕僚中最得意的干练之人，扬名四海。

天下太平之后，李世民为了招揽天下文士便下令设立了文学馆，并在闲暇之余和这些学士畅谈政治。在文学馆的众多学士之中，已经是陕东道大行台司勋郎中的杜如晦因为才学出众名列榜首，他得到的赞词是"建平文雅，休有烈光。怀忠履义，身立名扬"，这个评价是非常高的。武德四年（公元621年），李世民建了天策府，杜如晦则成了他的从事郎中。

后来，由于秦王府和太子府的斗争，杜如晦被李建成和李元吉中伤，与房玄龄一起被逐出了秦王府。"玄武门之变"前夜，杜如晦冒着生命危险和房玄龄化装成道士，潜入秦王府，帮助李世民筹划大计，事成之后，被立为首功。可见到了此时，杜如晦对李世民来说，已经不可或缺了。唐太宗登基称帝之后，命杜如晦掌管兵部，并晋封他为蔡国公，赏食邑一千三百户。

贞观二年（公元628年），杜如晦改任吏部尚书，总监东宫兵马事。第二年又被擢升为尚书右仆射，负责管理官员的选拔，和宰相房玄龄同掌朝政，为太宗皇帝分忧解难。杜如晦每任一职，都会得到称职的赞誉，而且由于他决断自如，许多同僚都对他称赞有加。

杜如晦不仅文才和处事才能为人所称道，更加让人赞叹的是他和房玄龄亲密无间的合作关系。有道是"一山不容二虎"，房、杜二人同为宰相，却能相处和睦，互不嫉妒且无争斗之心，这一点在中国古代历史上是极为少见的。这可能也和早年房玄龄对杜如晦的知遇之恩有关，总之，房、杜二人的关系可以说是唐朝历史上宰辅之间的一段佳话了。

《旧唐书·房玄龄杜如晦传论》中提到：

"世传太宗尝与文昭图事，则曰：'非如晦莫能筹之。'及如晦至焉，竟从玄龄之策也。盖房知杜之能断大事，杜知房之善建嘉谋。"

房、杜二人各有所长，房玄龄擅长出谋划策，而杜如晦却擅长判断大势，做出决断，所谓"房谋杜断"之说就是这样得来的。在处理国事的过程中，杜如晦和房玄龄取长补短，因此并称"房杜"，被朝野上下称赞为良相。《旧唐书》对其二人更是称赞有加："文含经纬，谋深夹辅。笙磬同音，唯房与杜。"正是有了房、杜二人的悉心辅佐，"贞观之治"才得以迅速实现，有臣子如此，也算得上是唐太宗的福气了。

贞观三年（公元629年）冬天，杜如晦生了重病，便上书请求辞官回家养病。唐太宗准了他的奏折，但俸禄依然照发不误。杜如晦回家之后，唐太宗非常关心他的病情，经常派人前去探望，并延请名医为他诊视。贞观四年（公元630年）初，杜如晦的病情加重，唐太宗先是派皇太子前去问候，随后又亲自去他家中探望。当他看到已经在病榻上奄奄一息的杜如晦，不禁流下了英雄泪。为了宽慰杜如晦，唐太宗破例将他的儿子杜构擢升为尚舍奉御。

贞观四年（公元630年）三月十九日，这位众人景仰的宰相最终因病离开了人世，享年只有四十六岁，英年早逝，令人叹惋。听到杜如晦的死讯，唐太宗哭之甚恸，甚至为他罢朝三日。其后追赠为司空，封莱国公，并亲手为他撰写了碑文。

杜如晦死后，唐太宗时常感怀他。每年到了杜如晦的忌辰，唐太宗都会亲自派人到杜如晦家中问候，正所谓"终始恩遇，未之有焉"。一次吃香瓜时，因为想起杜如晦生前种种，唐太宗潸然泪下，马上派人将剩下的食物送去祭奠杜如晦。

又有一次，唐太宗赏赐给房玄龄一条黄金带，由此便想起了杜如晦。他对房玄龄说："从前如晦与你一起辅佐朕，可谓同心同德。但如今朕赏赐，眼前就只有你一人了。"说完后好不伤感，随之便流下了泪水。

随后他又说："朕听说黄金多为鬼神所惧怕。"于是便命房玄龄取了一条黄金带送到杜如晦的灵前。唐太宗还曾经梦到过杜如晦，天亮的时候便将这件事告诉了房玄龄，还遣他送些东西前去祭奠杜如晦。唐太宗曾经感叹道："朕与如晦，君臣义重。"这也无疑是对杜如晦的最高评价，侍奉君王能得到如此回报，杜如晦也算是古之少有了。

通过男人掌控天下的女人

回望贞观时期那一段灿烂辉煌的历史，不禁会对那盛世繁华心生向往，感慨万千。但这片辉煌不仅只属于在风口浪尖叱咤风云的男人，同时也属于那些身在幕后不为人注意的女性。在这些女性之中，唐太宗的皇后长孙氏，这个在历史上连名字都没有留下来的女人，以她独特的方式照顾、影响、规劝、帮助着自己的丈夫治理着这庞大的帝国，并凭借自己出众的才华和宽广的胸襟将后宫治理得井井有条，消除了太宗的后顾之忧，成为了古代女性的楷模。

长孙皇后出身望族，自幼便喜读史书，知书达理，温婉贤淑，虽然不如唐太宗的母亲窦皇后那样传奇，但也是个不可多得的奇女子。李世民和长孙氏不仅门当户对，而且才貌相当，可谓天作之合。正因如此，年少的李世民被长孙皇后的舅舅高士廉所看重，遂结成了这段姻缘。那一年，唐太宗十六岁，长孙皇后仅十三岁，这场婚姻虽然有很大的政治因素在内，但这对少年夫妻也算得上是相敬如宾，感情十分融洽。

长孙皇后的贤淑知礼在少年时代就有深刻的表现。她嫁入李家时不过是个十几岁的小女孩，却对公公李渊十分孝顺，使得李家父慈子孝，上下和睦，成了李世民的贤内助。李世民发动"玄武门之变"时，长孙氏甚至亲自安抚勉励士兵，使得"左右莫不感激"。

唐太宗登基之后，长孙氏便自然而然地成为大唐的皇后。当上六宫之主的她，并没有就此便安于享乐，而是尽心尽力将整个后宫都打理得秩序井然，让皇帝不为宫闱之事忧心。身在斗争激烈的后宫，长孙皇后拥有着寻常嫔妃不能比拟的几项品质：一是性格温和，与各宫嫔妃都能和睦相处；二是心地善良，对于太宗的子女一视同仁且处事公允，不滥用私刑；三是生活简朴，给后宫之人和天下臣民做出了表率。

关于长孙皇后的温婉平和，可以和前朝隋文帝的独孤皇后做一个对比，独孤皇后也称得上是女中豪杰，是隋文帝的一大臂助。但独孤皇后十分善妒，这种妒忌心在现代或许可以说是对感情的专一，但在古代，尤其是作为皇帝的后妃却是十分失德的表现。更为严重的是，独孤氏的妒忌心已经到了偏执的地步，她甚至偷偷下令处死隋文帝宠幸的嫔妃，隋文帝常常感叹自己不得自由，最后竟然愤而离家出走。

与独孤皇后相比，长孙皇后可谓是中国古代妇女的典范。她不仅不干涉太宗皇帝的私生活，而且嫔妃有病无一不亲自探视，并赏赐给她们食物和药材，对她们嘘寒问暖。豫章公主并非长孙皇后亲生，但因为自小没有母亲，长孙皇后便心生怜爱，将她收养，视如己出。她还将古代后妃的故事编辑成《女则》十卷，以此来约束自己的行为举止。她的这些做法受到了众人的称赞，后宫上下无不对她心怀尊敬和感激之情，史称"下怀其仁"。

贞观初年，为了给国库节省经费，唐太宗提倡俭朴之风，并自为表率，废除了许多奢靡之事。作为后宫之首，为了配合丈夫，长孙皇后以身作则，崇尚简朴，除了严格要求自己外，对于子女，长孙皇后也不时地教育他们要勤俭持家。

此外，长孙皇后还尽力辅佐唐太宗，常常利用自己的身份优势进一些官员不敢进的谏言，使得他的明君形象更为完美。唐朝后宫女性涉政并不是长孙皇后开的先例，她也十分注意避免后宫干政的嫌疑，只在情况需要时做出表态。

例如唐太宗和魏徵发生矛盾，愤愤不已地想要诛杀魏徵时，她好言相劝，既熄灭了唐太宗的怒火，也为大唐保住了一个良臣。宰相房玄龄也曾因为一件小事被唐太宗勒令回家待罪，长孙皇后听说后觉得十分不妥，便劝道："玄龄事陛下最久，小心谨慎，奇谋秘计，皆所预闻，竟无一言漏泄，非有大故，愿勿弃之。"提醒太宗不要有负忠臣，更不能让房玄龄这样知道太多隐秘的老臣心怀不满，以免泄露机密，带来不必要的麻烦。

长孙无忌是长孙皇后的亲兄长，又与唐太宗是布衣之交，且为人颇有才能，深得皇帝的信任。于是唐太宗便想封他为宰相，长孙皇后听后却坚决反对，认为外戚不可授之以重权。她见皇帝不听，便苦劝哥哥辞去这一官职，长孙无忌无奈只得向唐太宗辞相。

但对于异母的哥哥长孙安业，长孙皇后却是以德报怨。长孙安业以前嗜酒成性，曾在父亲死后将妹妹赶出家门，但在她当上皇后之后得以官至将军之位。其后，他因罪被捕，按律当处以极刑，皇后不计前嫌痛哭流涕地为他求情。这件事让唐太宗很为难，那么一贯公私分明的长孙皇后怎么会破例为一个曾经虐待过自己的哥哥求情呢？

长孙皇后解释说："安业之罪，万死无赦。然不慈于妾，天下知之，今置以极刑，人必谓妾恃宠以复其兄，无乃为圣朝累乎！"意思是如果杀了长孙安业，天下人一定会以为是她为了当年哥哥将她赶出家门的事而有意报复，于朝廷声誉不利。听了她的话，唐太宗便收回了成命，赦免了长孙安业的死罪，将他流放到岭南。

不让长孙无忌担任要职，是怕外戚干政，请求赦免长孙安业是出于皇家荣誉，怕给天下人落下话柄。从她对两个哥哥的不同态度，可以看出长孙皇后是个通情达理之人，她设想周全，万事都以朝廷的利益和名誉为出发点。

贞观八年（公元634年），长孙皇后得了重病，很久都不见好转。太子李承乾对她的病情很担忧，便对母亲说："大夫都看过了，药也都服用过，但是母亲的病还是不见好转。不如请求父皇下令赦免囚徒，召开法会，或许这样会天降福祉，母亲您的病就会好转了。"李承乾所说的方法称作"修福"，在当时也很常见。

但长孙皇后不允，她说："生死有命，不是人力所能控制的。我向来也没做过什么恶事，如果说善行都没有作用，求福又能有什么效果呢？况且国家大赦天下，是朝廷要事，怎可因为我就乱了天下法事。"

太子见母亲执意不肯便没有禀明太宗，而是将这件事告诉了舅舅长孙无忌。长孙无忌上奏给唐太宗后，此时也为皇后之病忧虑的唐太宗觉得可以施行，但后来还是被长孙皇后阻止了。

贞观十年（公元636年）六月，长孙皇后因病离世，年仅三十六岁，葬于昭陵。按照她生前的嘱托，唐太宗并没有为她修建豪华奢侈的陵寝，也没有举行隆重的葬礼，因为她认为古之圣贤都崇尚薄葬，只有无道的君主才会为了身后之事祸乱百姓，因此她的墓室十分简单朴素，"不藏金玉、人马、器皿，皆用土木，形具而已"。

而且她在临终之前还再三叮嘱唐太宗，一是要他亲近贤臣，相信房玄龄的忠心；二是要保全李家子孙，不要给外戚太多的权力；还要纳忠谏，不要听信谗言；最后要减免徭役，以天下万民为本。这些都让唐太宗非常感动，觉得长孙皇后之死"是内失一良佐，以此令人哀耳"。

长孙皇后死后，唐太宗因为过于思念她，便下令在内苑之中修建了一座高楼。每当思念皇后之时，便登上这高楼，遥望皇后所葬的昭陵。但让人惋惜的是，这座寄托着唐太宗对长孙皇后深情的高楼却因为会让皇帝背上"不孝"之名，最后被下令拆除。

第七章

天朝可汗，大唐声威传天下

报仇，就是这么简单

由于唐太宗和群臣们的悉心治理，贞观年间不仅国内百姓安居乐业，就连与周边各民族的关系也十分融洽。早在登基之初，唐太宗就垂问过臣下应当如何处理和周边国家与民族的关系。关于这个问题，当时大臣们讨论得十分激烈。

李唐王朝是马上得的天下，所以很多大臣都认为应该以武力来对周边国家进行威慑，而魏徵却说如今应偃武修文，如果国家治理好了，国力强大了，四夷自然而然就会臣服于我朝，最终被唐太宗采纳。

唐太宗虽然同意了魏徵"和平治国"的方略，但对于一些不能用和平方式解决的争端，唐太宗最终还是用武力来解决，东突厥就是一例。

盘踞在北方的突厥势力在隋朝末年就已经开始壮大，随着时间的推移，逐渐成了北方的霸主。高祖李渊在晋阳起兵之时，为了稳定后方，曾经向突厥始毕可汗称臣，这也是李渊一直都引以为耻之事。唐朝建国之后，突厥更是从无间断地对中原地区进行骚扰，是李唐王朝一直以来的心腹大患。

唐太宗刚登基之时，突厥可汗便趁唐朝新主即位，国力空虚之时率大军侵犯唐朝的边境，直抵长安郊外的渭水。当时长安守备兵力不足，唐太宗只得亲自到渭水和颉利可汗订立盟约，史称"渭水之盟"。盟约确立之后，唐太宗深知此时不能与突厥对抗，为了国力的长足发展，拒绝了颉利可汗的牛羊，而是要求他们将唐朝此时在塞外的一百二十万人口全部放还，以便发展生产，等日后国力强盛再与突厥一较高下。

贞观初期，突厥连年发生自然灾害，雪灾、饥荒不断，但首领颉利可汗却不体谅民心，反而下令多征赋税，甚至大兴战事。天灾加上人祸，突厥的内部矛盾加剧了，国内一片混乱，势力大不如前。突厥自顾不暇，因此便没有多余的精力骚扰唐朝边境。突厥内乱的消息传到长安，不少大臣都上书建议唐太宗趁此机会出兵灭了突厥。唐太宗也深知这是个绝好的机会，因此也是犹豫不决。

长孙无忌对此却持不同意见，他对太宗说道："虏不犯塞而弃信劳民，非王者之师也。今国家务在戢兵，待其寇边，方可讨击。彼既已弱，必不能来。若深入虏廷，臣未见其可。且按甲存信，臣以为宜。"

长孙无忌这段话有两层意思：一是唐朝与突厥有盟约在先，这次突厥并没有犯边，如果出兵的话便是乘人之危，在道义上说不过去；二是以大唐此时的国力还不适合发动这样的大战，应该把重点放在休养生息，积蓄力量之上。

长孙无忌的分析十分深入且句句在理，唐太宗也听取了他的意见，放弃了出兵突厥的打算。

到了贞观三年（公元 629 年），唐朝的发展已经步入了正轨，经济恢复到稳定状态，天下富足，海内无事。除了财力之外，唐朝此时的军事力量也得到了很大的提高，所谓"府库甲兵，远胜于隋世"，说的就是这种情况。而此时突厥的实力却在日益减弱，对突厥开战的条件已经逐步成熟。

贞观三年（公元629年）八月，代州都督张公瑾向唐太宗上了一道奏疏。在奏疏中，他仔细分析了突厥的各种情况，认为此时发兵讨伐突厥对唐朝十分有利。张公瑾的奏折坚定了唐太宗本来就想出征突厥的想法，一场大战就要拉开帷幕。

贞观三年（公元629年）十一月，忍耐多年的唐太宗终于下令发十万大军，分定襄道、通汉道、金河道、畅武道四路征东突厥。命兵部尚书李靖为行军总管，统领大军，又派李勣、柴绍、薛万彻各率一路大军，浩浩荡荡向北而行。

通过对局势的分析，李靖认为这次不能再以守为攻，而是应该主动出击。到达边境之后，李靖随即下令攻占马邑。拿下马邑后，他又亲率三千骑兵火速攻下恶阳岭。恶阳岭是定襄的咽喉，具有重要的战略地位，拿下恶阳岭之后，定襄便唾手可得。

唐朝大军如狂风暴雨般的攻势让颉利可汗大惊失色，连忙率军撤向了碛口。他本以为李靖这次是孤军深入，所以想以退为进，把唐军引入包围圈，随后将其消灭。但不承想被李靖反攻，定襄在一夜之间便归了唐军。而颉利可汗在撤回碛口的途中，在白道不幸遭遇了李勣的大军，一时间被打得溃不成军。无奈之下，他只得佯装向唐朝投降，以此来争取反攻的机会。随即颉利可汗便派出使者，表示愿意率领举国臣民归顺唐太宗。

攻占定襄的消息很快就传到了都城长安，唐太宗听闻之后大喜过望，遂下令大赦天下，连续饮酒庆祝五天五夜。而大将军李靖也成了赫赫有名的人物，唐太宗盛赞他"以骑三千，喋血虏庭，遂取定襄，古未有辈，足澡吾渭水之耻矣！"但面对颉利可汗的归降，唐太宗并不十分放心。他深知这位突厥可汗的手段，为了稳住阵脚争取先机，他命李靖和李勣停止对突厥军队的攻击，随即又派出使者前往突厥与颉利可汗商讨和解的事宜。

唐太宗这么做的目的有两个：首先，他要借接受谈判之机使颉利可汗认为唐军已经进入了他设计的圈套，使他放松警惕；其次，他命李靖等人退兵只是一个权宜之计，这是"以退为进"，佯装退兵后再将毫无防备的突厥人一网打尽。但这个计划有个关键之处，那就是李靖能不能明白唐太宗的真正意图，倘若真的将大军退去，此次征突厥之役就算是前功尽弃了。

然而，李靖不愧是名将，他也明白颉利可汗求和是假，想缓解危局，借机反攻是真。所以面对朝廷的来使和皇上的旨意，他也大概明白了唐太宗的真实想法。随后他便和李勣商议，亲自选定了一万名战士随他埋伏在颉利可汗驻扎之地三十里以外的地方。这一万人全部都是唐军中骁勇善战的骑兵，战斗力极强。而且这支精锐部队轻装上阵，只随身携带二十天的口粮，可以迅速移动，不为人所察觉。

颉利可汗虽然在定襄、碛口吃了唐军的大亏，但自视甚高的他此时还不吸取教训，以为自己的计划万无一失。当他看见唐太宗果然派了使者前来谈判，一时间大喜过望，以为自己的计谋得逞，谁知正在此时，李靖的骑兵部队从天而降，将突厥大军的驻地围了个水泄不通。颉利可汗听报后明白自己大势已去，便丢下了自己的军队，独自一人骑马逃窜而去。半年之后，他就在逃往吐谷浑的途中被小可汗苏尼失擒获，苏尼失率众降唐，颉利可汗被押往了长安。

而当时剩下的突厥部队在失去首领的情况下马上就乱作一团，可以说毫无战斗能力，所以李靖毫不费力地就将其击溃，十万多人悉数被俘。而在北边，负责率军阻截向北逃窜的突厥人的李勣也抓获了五万多突厥俘虏。这一战不仅大破了颉利可汗的大军，还收获了十余万头牛羊等牲畜。

与突厥的征战就以唐军的绝对胜利而告终了，在感叹唐太宗的智慧和李靖等一干将领的军事才华的同时，不禁要思考是什么让曾经在西北叱咤风云的突厥铁骑在短短的半年时间内就灰飞烟灭，这一切都值得后人深思并引以为鉴。

大破突厥的消息传到长安后，举国欢腾。突厥是唐朝自建国以来一直摆脱不了的一个耻辱和隐患，如今这个心腹大患已然除去，可谓是将以往所受到的屈辱一扫而光，这怎么能不让举国上下都欢欣鼓舞呢？

其中最为激动的当属唐太宗，这一战大快人心，他言道："朕听闻天子的忧虑就是做臣子的屈辱，皇帝一旦受到了侮辱，臣子就应该受死。当年太上皇以百姓为重，不忍心让他们受苦，所以不得已才向东突厥称臣。这件事让朕也是痛心疾首，那时就立志一定要将突厥除去。为了这个心愿，朕简直是食不甘味，坐不安席。如今颉利可汗率部归顺，终于洗清了过去所受到的耻辱！"

就连已经退位的高祖李渊听得这件事后也心潮澎湃，马上命人设宴于凌烟阁，甚至在席上亲自弹起了琵琶。这一日可谓是君臣父子尽欢，其乐融融，直到深夜方才散去。这也是这位太上皇郁郁寡欢的晚年中为数不多的让他欣慰的事情之一。

突厥被破，颉利可汗被擒之后，西北各族皆望风而归，并给唐太宗敬上了"天可汗"的称号。《新唐书·北狄传》有云："唐之德大矣！际天所覆，悉臣而属之，薄海内外，无不州县，遂尊天子曰'天可汗'。三王以来，未有以过之。"唐太宗此时也感叹道："如今颉利可汗被擒，各族的酋长给我宿卫，且各个部落都改换了中国衣冠，这都是魏徵的功劳。今日唯一的遗憾，就是封德彝不能活着看见现在的成就了。"

敢捣乱，就揍你

除了东突厥之外，贞观初期，唐朝的西北部还盘踞着一股力量，那就是吐谷浑。吐谷浑，也称吐浑，其部族的历史非常悠久，早在公元200多年就开始在中国的西北地区活动。他们原是鲜卑族慕容氏的一支，后来在今天的甘肃、青海等地定居，不久就建立了自己的政权。吐谷浑虽然世居西北，但和中原的关系一直都比较密切。早在南北朝时期，它就归属过宋、齐和北魏三个中央政权。隋朝之时又开始依附隋朝廷，其后还与中原王室和亲，娶的便是杨家的女儿光化公主。

隋末天下大乱，吐谷浑便趁机脱离了隋朝，独立出来。吐谷浑主要从事的是畜牧业，尤擅养马，同时也有少部分的农业，势力在西北地区还是比较强大的，和东突厥一样是当时西北地区对中原王朝产生巨大威胁的一个根源。

唐朝建国之初，吐谷浑就已经向唐高祖李渊称臣。随着时间的推移，吐谷浑在西北的势力逐渐强大起来，于是便逐渐不满足于只做中原皇帝的臣子了。有唐以来，吐谷浑可汗不时地派兵侵犯唐朝的西北边境,凉州、岷州等边境州府都时常受到吐谷浑部落的武力攻击,当地的百姓更是苦不堪言。不仅如此,吐谷浑频繁的骚扰还使得河西走廊的交通受到了阻碍,中原通往西域的道路从此不再太平,严重影响到了中原和西域的经济往来和文化交流。

到了贞观时期,吐谷浑在首领慕容伏允的率领下更是任意妄为。慕容伏允虽然表面称臣,但根本不把唐太宗和中原王朝放在眼里。贞观八年(公元634年),按照惯例,吐谷浑要派出使者向唐朝进贡。但出人意料的是,这些使者在带着贡品来到长安之后,并没有如期返回吐谷浑,而是在唐朝的鄯州大肆抢掠了一番,最后扬长而去。

消息传到长安之后,唐太宗大怒不止,他马上下令派遣使者前去吐谷浑兴师问罪,责令慕容伏允前来长安谢罪。殊不知这慕容伏允根本不买唐太宗的账,他佯称身体有疾,不便来朝,于是拒绝了唐太宗的召见。

不仅如此,他还给唐太宗带去消息,希望唐太宗能够和吐谷浑和亲,赐一位公主给他的儿子尊王。此时的唐太宗还不想与慕容伏允大动干戈,在听到他的"和亲"请求后,盛怒之下的唐太宗也转变了态度,答应给吐谷浑的王子赐婚。为了保留自己的颜面,唐太宗要求吐谷浑的王子亲自来长安迎娶和亲的公主。

这个要求本没有可挑剔之处,但慕容伏允却坚决不同意让自己的儿子来长安迎娶。慕容伏允的蛮横无理触及了唐太宗的底线,最终这门亲事只得作罢。然而慕容伏允并没就此收手,在这之后,他又不时地派兵侵扰唐朝。太宗只得派出使者赵德楷前去安抚,而慕容伏允竟然将大唐的使者扣押起来。

事实上，出于各种原因，唐太宗对吐谷浑的态度是十分宽容的。任他百般挑衅，唐太宗还是希望能够用和平的方式来解决两国之间的问题，所以他一直没有对其采取军事行动。但唐太宗的宽容和大度在慕容伏允眼里却是一种退缩和软弱。面对吐谷浑的无理，唐太宗也明白一味的忍让只能让这个不知天高地厚的慕容伏允更加任意妄为。

贞观八年（公元634年）六月，唐太宗终于下令出兵攻打吐谷浑。这次的出征只是一次小规模的试探，由左骁卫大将军段志玄为总指挥，将士则是由唐军和部分党项各族的降众组成的。虽然这次出击规模不大，但还是在青海重击了吐谷浑的军队。唐太宗本打算借此机会给慕容伏允一个教训，让他知道唐朝廷并不是因为惧怕他才对他再三忍让。但战败后的慕容伏允依旧我行我素，毫无顾忌，仍旧不时地发兵对河西走廊进行骚扰。

慕容伏允拒不合作的态度和做法让唐太宗忍无可忍，再加上此时吐蕃的势力已经在西南迅速崛起，逐渐形成逼人之势。吐谷浑作为吐蕃和中原的必经之路，对于唐朝廷和吐蕃都有着举足轻重的作用。一旦慕容伏允与吐蕃赞普合作，那对大唐来说无疑是一个巨大的威胁。为了防患于未然，贞观八年（公元634年）十一月，唐太宗决定彻底解决掉吐谷浑这个心腹大患。

当月二十日，唐太宗下令发重兵征讨吐谷浑。既然决定出兵，那么派谁来担任这次大军的主帅呢？朝中此时倒是有不少战将，侯君集、李勣、李道宗都在唐太宗的考虑范围之内。但思虑再三，唐太宗认为他们都不能担此重任，例如侯君集统军不够沉稳，而李道宗是皇室子弟，又怕威望不够，难以服众。

唐太宗纵观全朝，只有当年率大军征突厥的大将军李靖最为合适，他不仅成熟稳重，作战经验也很丰富。但让唐太宗犯难的是李靖已经辞去官职回家养病去了，如果这么快起用他也是不妥当。

致仕在家的李靖听闻太宗为主将之事忧心不已，马上上书请命道："臣虽然年迈，但仍可以为社稷、为天下百姓领兵出征。"唐太宗心里的石头终于落了地，随即封李靖为西海道行军大总管，率领大军征战吐谷浑，而侯君集、李道宗等人也随行左右，同时出征。

贞观九年（公元635年）四月，大军以李道宗部为先锋，由南向北挺进。慕容伏允得知消息之后，早就派兵埋伏在库山，准备痛击唐军。但他没有想到的是，李道宗的部队没有按照正常的路径进入库山，而是从山后迂回过来。慕容伏允的大军猝不及防，看见从后方浩浩荡荡开来的唐军马上惊得四下逃窜，无奈之下只得放弃都城伏俟，策马向西逃去。

为了阻截追击他的唐军，他还下令将沿途的野草全部烧毁，想使唐军的战马无草可吃，知难而退。慕容伏允这一招果然奏效，唐军的战马失去了草料，着实是疲惫不堪，战斗力也降低了不少。

慕容伏允逃走后，伏俟几乎成了一座空城，很快就被李靖的军队占领。进驻伏俟后，李靖马上召来众将帅商量下一步的对策。李道宗和慕容伏允交战过，知道他的狡猾之处，所以他认为应当退回鄯州，将军马养肥，粮草准备充足再做打算。而侯君集却认为吐谷浑已经是惊弓之鸟，溃不成军，此时是一举将其歼灭的最好时机。如若不然，就会如同当年段志玄那样，虽然大胜但只是伤其皮毛，到时候就悔之晚矣。

根据对当时局势的分析，李靖也认为此时的情形不同于当初，段志玄那时吐谷浑的实力尚存,所以不能贸然相抗,而此时的吐谷浑已经是陷入困境,再无东山再起的机会。最终,李靖还是采取了侯君集的意见,决定乘胜追击。他马上下令,命侯君集、李道宗、薛万彻、李大亮四人率军分南北两路追击慕容伏允的残军,而自己坐帐指挥,统领大局。

但出乎人意料的是,吐谷浑的军队虽然连连战败,但还是具有一定实力的。尤其是吐谷浑的天柱王所率领的主力部队更是不容小觑,唐军北路的先锋薛万彻和薛万钧就在赤海吃了他的大亏。当时唐军在赤海遭遇了吐谷浑的军队,为了拖住敌人,薛万彻、薛万钧兄弟二人身先士卒,率先冲进了敌人的阵营。他二人虽被吐谷浑的大军重重包围,但还是临危不惧,杀敌无数。为此,薛万彻、薛万钧还险些丢了性命,幸亏有左领军契苾何力相救,才得以脱离险境。

与此同时,南路的李道宗和侯君集的进展也并不十分顺利。吐谷浑地广人稀,自然环境十分恶劣,大军常常是陷入千里无人之地。征途漫漫,又没有充足的粮食和水源,这些对于将士们的心理和生理都是极为严峻的考验。

祸不单行,在唐军经过破逻真谷的时候,天降大雪,一时间全军的水源断绝,情况十分危急。幸而唐朝将士勇猛不屈,靠着漫天的冰雪最终走出了绝境。"功夫不负有心人",南路大军最终在吴海追上了吐谷浑的残部,虽然将其打得大败,但首领慕容伏允又一次得以逃脱。

虽几经挫败,但唐军并没有放弃最终的希望。各路大军在西北大地上苦苦搜索,终于在且末找到了想要逃亡于阗的慕容伏允。薛万钧等人穷追不舍,一直追到伦川才发现了吐谷浑的军帐。在伦川,双方展开了一场激战，吐谷浑的士兵损失了近千人，慕容伏允也被手下杀死。与吐谷浑这一战，唐军大获全胜，不仅杀敌无算，还获得了二十多万匹牲畜。唐乐府中有《吐谷浑》一篇，说的就是"李靖灭吐谷浑于西海上"之事。

大战之后，慕容伏允的首级被其手下进献到长安。唐太宗没有将吐谷浑剩下的部族赶尽杀绝。他下令将慕容伏允的长子慕容顺立为新的可汗，并封他为西平郡王，命其回原领地继续执政。

慕容顺在即位之后，便马上率领其部族归顺了唐朝。而吐谷浑的降众，唐太宗也恩准他们在原地居住。为了加强朝廷对吐谷浑的控制，唐太宗还下旨让大将李大亮率唐军驻扎在当地。吐谷浑的归附加强了唐朝在西北地区的军事实力，同时也在中原和吐蕃之间树立起了一道天然的屏障。不仅如此，河西走廊也因此变得畅通无阻，中原和西域的经济文化交流就更加便捷了。

丝绸之路上不是只有丝绸

虽然唐太宗在隋末唐初创下了盖世武功，但到了贞观年间，他还是将重心转移到了改善民生和治理国家之上。因此，此时的唐太宗对外并不轻易言战，这一点从他当时对吐谷浑一再包容的态度上就能很明显地看出。纵然唐太宗秉持着"以和为贵"的外交态度，但事实证明和平手段也不能解决一切问题，一旦遇到特殊情况，就不得不动用战争来解决争端，而对高昌的征战便是如此。

唐朝时的突厥分为东西两个部分，其中东突厥已经在贞观四年（公元630年）被唐朝所灭，而西突厥此时依旧控制着西域的广大土地。西域是一个非常宽泛的概念，在这片地域上分布着为数众多的小国家，而在西域诸国之中，高昌国就是十分重要的一个。

"高昌"是自古以来就有的地名，汉代的时候被称"高昌壁"，唐朝的时候则被称为"高昌国"，它之所以重要，是因为它所处的位置是天山南北之间的出口，也是"丝绸之路"的必经之地。过往的商人和百姓无论是从南疆还是北疆，只要想进入中原地区，就必须要经过高昌国，然后再从哈密进入敦煌。

唐建国之初，高昌和唐朝的关系还是比较友善和融洽的，高昌国王麴文泰也曾经向高祖李渊进贡过许多珍贵的物品。信仰佛教的麴文泰还大力支持过西行的玄奘，并与他有过三年之约。唐太宗登基之后，麴文泰还亲自带着家眷来到长安拜见唐太宗。唐太宗对麴文泰一家非常友善，还将他的夫人册封为公主。那么究竟是什么原因使得两个原本交好的国家最终反目成仇，兵戎相见呢？这一切都要从那条关乎中原和西域利益的"丝绸之路"开始说起。

高昌因为其重要的地理位置，所以在往来的商队和使团身上得到了很大的经济利益，这一点是毋庸置疑的。但这有一个前提，那就是隋末的混乱使得西域的交通阻塞，高昌这才得以控制了西域往来的要道。随着隋末战争的结束，西域各国自然希望获得一个较为平稳的贸易环境，于是焉耆国便向唐太宗上书，希望他能做主将封闭的大碛路重新打开。其实焉耆国的要求并不过分，但这大大损害了高昌的利益。在这之后，高昌对唐朝的态度便开始转变，麴文泰下令不许西域的商人与唐朝进行贸易往来，甚至还与西突厥联合攻打这件事的"始作俑者"——焉耆国。

唐太宗得知此事之后非常气恼，马上下旨召麴文泰前来长安问话，但麴文泰却以生病为由拒绝了皇帝的召见。不仅如此，他还对唐朝来的使者说："鹰飞于天，雉窜于蒿，猫游于堂，鼠安于穴，各得其所，岂不活耶！"两国的关系就开始逐渐恶化。

贞观十三年（公元639年）十二月，唐太宗下令发兵征讨高昌，"命吏部尚书侯君集为交河道大总管，率左屯卫大将军薛万均及突厥、契苾之众，步骑数万众以击之"，大军以侯君集为主帅，声势十分浩大，可见唐太宗对此战势在必得的决心。

不仅如此，唐太宗还深知西域地理环境复杂，所以特地派了生长在西域的契苾何力率部与侯君集一同前往。大军出发之前，唐太宗颁布了《讨麴文泰诏》，历数了高昌国王麴文泰作为一个封国国主的种种罪行，从而为这次出征在道义上赢得了先机。

在契苾何力的带领下，大军顺利地抵达了碛口。麴文泰本来就将局势估计错误，他根本没想到唐太宗会派兵前来征讨，所以没有做任何准备。当他听闻唐军已经到达碛口的时候，异常恐慌，很快就突发急病死了。

麴文泰死后，他的儿子麴智盛继承了他的王位，成了高昌国的新一任国王。可能是受到父亲的影响，麴智盛虽然在高昌城中被唐军重重包围，但还是坚守着城池，等待着西突厥的援军。殊不知西突厥的可汗得知唐朝大军到了高昌城后，就慌忙逃走了，驻扎在浮图城的西突厥叶护阿史那步真也很快向唐朝投降。

还在苦苦等待的麴智盛看到高昌城外的阿史那步真，终于得知自己大势已去，便打开城门向唐军投降。麴智盛投降之后，侯君集又下令将高昌的属地都悉数拿下。高昌被平定之后，唐太宗又面临着一个棘手的问题，怎么处置高昌呢？

在魏徵看来，此时不宜将高昌转变为和内地一样的州县，理由是这样经费消耗太大，还是应该让高昌保持原来的状态。其实魏徵说的也不无道理，但从长远的利益来看，对高昌的控制是日后进军西域的开端。于是，唐太宗力排众议，下令在高昌设立西昌州，还将高昌属地归并一处，称为"安西都护府"，并在当地留军驻守。

收复高昌之后，唐太宗又将目光投向西域的其他国家。焉耆是西域的一个小国，高昌灭亡之后，西突厥为了壮大自己的声势，便有意拉拢焉耆，并与其结成了儿女亲家。焉耆势力单薄，所以只得答应西突厥的要求。自此之后，焉耆便不再向唐朝进贡，而且还用各种方式来阻碍唐朝和西域各国之间的来往。眼看局势不容乐观，当时的安西都护郭孝恪便向唐太宗上书，请求朝廷能够出兵攻打焉耆。唐太宗看了郭孝恪的奏表之后，命他为西州道行军总管，率领三千将士出战。

就在唐朝军队出征的时候，焉耆国王的弟弟栗婆准和颉鼻主动归顺了唐朝。在栗婆准的带领下，唐朝大军很快就抵达了焉耆城下。对于唐军的来袭，焉耆王龙突骑支并没有任何准备，他认为焉耆城地势险要，唐军根本就无法攻破，所以没有做任何防范。

但郭孝恪不是泛泛之辈，他乘着夜色率大军渡过了焉耆城的护城河，打了龙突骑支一个措手不及。大战之后，龙突骑支被擒，他的弟弟栗婆准因为主动投诚所以被扶持上了王位。但好景不长，唐军撤走后没几天，栗婆准就被西突厥俘虏了，而焉耆自此以后便一直在西突厥的控制之下。

焉耆国的西边是龟兹国，也是丝绸之路上十分重要的国家之一。龟兹和唐朝一直都关系友善，但在西突厥的威逼之下，龟兹也逐渐转变了外交方向，投向了西突厥。龟兹国王苏伐叠死后，即位的是他的弟弟诃黎布失毕。自从归顺了西突厥之后，龟兹便不再向唐朝进贡，而唐太宗就以这个为由，发兵十万征讨龟兹。其实很容易可以看出，和对高昌以及焉耆一样，唐朝攻打这些西域小国是假，要打击他们背后的势力——西突厥是真。

事实上，对于唐朝的威势，西突厥也是十分惧怕的，只是仗着与中央政权相距甚远才敢一次又一次向唐太宗挑衅。等到唐朝的十万大军到达西域之后，西突厥的叶护阿史那贺鲁马上就归顺了唐朝，并主动带领大军前去攻打龟兹。

有了阿史那贺鲁的帮助，虽然龟兹有西突厥的援军，但最后还是被唐军打得溃不成军。平定了龟兹之后，唐朝和西域之间的南路交通打通了，而曾经不可一世的西突厥也终于不再抵抗，归顺于唐朝，并向长安派出了使者。

在这之后，西域恢复了以往的太平，各国和中原地区的贸易往来不断，丝绸之路又开始焕发出勃勃生机。一时间，唐太宗的地位和声望在西域得到了很大的提高，西域各国都纷纷归顺实力强大的唐朝，并逐渐摆脱了西突厥对自己的控制。

西域平定之后，为了加强对当地的治理和控制，唐太宗还下令在西域设立了"安西四镇"（分别是龟兹、疏勒、碎叶和于阗），并把安西都护府迁到了龟兹。"安西四镇"的设立使得天山以南的广大地区都受到中央朝廷的管辖和控制，并且畅通了中原和西域交流的枢纽——丝绸之路，在当时的政治、经济和外交各方面影响都是极大的。至于天山以北的地区，则是到了高宗时期灭了西突厥后才得以平定。

唐蕃和亲

到了唐贞观年间，胸怀大志的唐太宗一方面运用战争武器使得周边的少数民族政权臣服于他，另一方面也利用怀柔政策获取这些异族政权的忠心，而"和亲"就是其中不能缺少的手段之一。在贞观年间的"和亲"历史中，最为后世称道的就是文成公主。和吐蕃赞普松赞干布的结合让这位原本默默无名的公主走上了令人炫目的历史舞台，成为唐朝历史上最为成功的和亲公主。

唐朝和吐蕃的这次和亲虽然在中国古代历史上成了一段佳话，但过程并不一帆风顺，其中经历了许许多多的坎坷和磨难。

说到唐蕃和亲，就不得不提到故事的主人公之一——松赞干布。这位唐代最著名的少数民族首领可以说是藏族历史上最为伟大的英雄，在他的手中青藏高原得以统一。松赞干布在完成吐蕃的统一大业之后，以地方之主的姿态展开了他的统治生涯。吐蕃王朝和汉族的封建制度不同，它所采用的是原始的奴隶制度。因此，松赞干布虽然用武力达到统一，但这个政权内部还是潜伏着重重的危机。

贞观八年（公元634年），松赞干布首次派遣使者来到长安，唐太宗随后也派出了冯德瑕回访吐蕃。在这一次的政治活动中，松赞干布充分认识到要巩固自己在吐蕃的统治，必须要依靠强大的中央王朝，所以自此他便萌生了和大唐和亲的愿望。随后，他便派出了特使，带着珍贵礼物来到长安，希望唐太宗能够赐一位大唐的公主做吐蕃赞普的王妃。

那么对于松赞干布的和亲请求，唐太宗是怎么看待的呢？当时唐太宗认为吐蕃与大唐刚刚开始有政治上的结交，还缺乏深入的了解，和亲并不适宜，所以拒绝了松赞干布的请求。松赞干布得知唐朝拒婚后非常愤怒，声称："若大国不嫁公主与我，即当入寇。"

贞观十二年（公元638年），松赞干布果真派遣了二十万大军向大唐袭来，直逼松州，目的只是与大唐和亲。在进行了一系列的军事活动之后，太宗了解到了吐蕃的军事实力和要求和亲的诚意，终于同意了松赞干布的和亲请求。

在知道唐太宗已同意下嫁公主后，松赞干布喜不自禁，立刻派遣吐蕃第一能臣禄东赞带着五千两黄金和许多奇珍异宝到长安讨论和亲的具体事宜。禄东赞不愧为吐蕃名臣，宴席之上，他以出色的辞令打动了唐太宗的心，使得他更加坚定了与吐蕃结为姻亲的决心，于是下旨将宗室之女文成公主嫁与松赞干布为妻。因为欣赏禄东赞的才华，唐太宗还决定将琅玡公主的外孙女段氏赐婚于他，并将他册封为唐朝的右卫大将军。

文成公主是任城王李道宗之女，长得端庄秀丽，自幼饱读诗书，文化素养较高。虽然她不是唐太宗的嫡亲血脉，但这并不影响她作为皇室的公主远嫁青藏高原。事实上，自古以来的宗室和亲也很少会将皇帝的亲女儿远嫁到异域。青藏高原气候苦寒、环境恶劣，但为了国家的利益，颇识大体的文成公主还是从容地接受了朝廷的旨意，答应远嫁高原。

接旨后的文成公主虽然对遥远的吐蕃心存疑虑，但内心深处又充满了新奇的向往。在出发之前，她为了了解吐蕃的风土人情和各方面的情况还亲自接见了吐蕃使者禄东赞，并向他进行了详细的询问。在了解了吐蕃的基本情况之后，文成公主便着手为自己的婚嫁准备了许多吐蕃稀缺的物资，希望能给吐蕃的经济文化发展尽自己绵薄之力。

经过两个多月的筹备和努力，在贞观十五年（公元641年）的隆冬，唐朝的送亲队伍终于成行。对于这次和亲，唐朝还是十分重视的，不仅为文成公主准备了丰厚的嫁妆，还派遣了规模宏大的送亲队伍将公主送往吐蕃。松赞干布多年的和亲夙愿得以实现，心中自然十分喜悦。在得知文成公主的和亲队伍离开京城向吐蕃行进时，他马上亲自率军远行到柏海（今青海玛多县境），建起柏海行馆，迎候文成公主的到来。

文成公主到达柏海时，松赞干布为她举行了盛大的迎亲仪式，并向公主的生父李道宗行了女婿之礼。在柏海稍作停留之后，松赞干布就带着唐朝的工匠们率先起步，为文成公主一行开辟道路，即后人所称的"唐蕃古道"。

当浩浩荡荡的迎亲队伍来到玉树时，松赞干布和文成公主马上被这里优美的景色和宜人的气候所吸引，而且经过了多日的跋涉，迎亲队伍已经是人乏马疲，也需要休整。于是松赞干布便下令整个队伍停下脚步，在玉树的一个山谷扎营一个月。

这对新婚夫妇在玉树度过了一段快乐的时光，闲暇之余，文成公主就将她从内地带来的谷物种子、菜籽等一些吐蕃缺少的植物种子拿出来，并与唐朝的工匠们一起向玉树人传授这些种子的种植方法以及磨面、酿酒等农业技术。对于公主的这些举措，当地人十分感激，所以当她要离开玉树赶往拉萨时，他们都十分不舍。玉树的百姓还将她的帐房遗址保留了下来，并把她的相貌刻在石头上，年年膜拜。

唐睿宗景云元年（公元710年），唐朝的金城公主和亲吐蕃，当她路过青海时，了解到文成公主当年对百姓的恩泽，便为文成公主修建了一座庙，赐名为"文成公主庙"。

文成公主安抵拉萨时，人们载歌载舞地欢迎她的到来。作为一位虔诚的佛教徒，文成公主携带了大量的佛塔、经书和佛像进入当时尚无佛教传播的吐蕃，决意在此地建寺弘佛。今天著名的大昭寺就是文成公主下令修建的，建成之后，文成公主还与松赞干布一起亲自到庙门外栽下了名传后世的"唐柳"。大昭寺建成之后，文成公主又主持修建了小昭寺，并且不断说服她的丈夫松赞干布在吐蕃大力弘扬佛教。在她的不懈努力之下，佛教便慢慢开始在吐蕃流传开来。

文成公主还将在大唐种植多年、品质较高的五谷种子和菜籽带入吐蕃，并派人教授当地的百姓种植。在文成公主和工匠们的努力下，像蚕豆、油菜这些能够适应高原气候的农作物，在当地都长势喜人，丰富了人们的食物品种。不仅如此，文成公主还从内地带来了不少掌握大唐各方面先进生产技术的工匠和大量佛教、儒家、历史典籍，以及有关农业、医术、历法、手工技艺等方面的书籍，大大促进了吐蕃的生产发展和社会进步。

文成公主和亲吐蕃，很好地达到了密切大唐与吐蕃之间的友好关系、维护两地和平的目的，此后两百多年间，大唐与吐蕃之间少有战事，文化和商贸交流愈加频繁，吐蕃的风俗中也留下了不少唐人的印记。出于对文成公主的尊重和对中原文化的倾慕，松赞干布下令禁止吐蕃人以赭土涂面的习俗，并且派遣吐蕃的贵族子弟到长安接受汉文化的教育。作为回报，唐太宗也多次派出各类工匠到吐蕃，传授先进的生产技术，给吐蕃带去了前所未有的活力和生机。

贞观二十三年（公元649年），唐太宗李世民去世，太子李治继位为唐高宗。高宗遣使入蕃向文成公主和松赞干布告哀，并册封松赞干布为驸马都尉，封西海郡王，以示恩宠不断、永续和平之意。松赞干布也欣然接受了封赐，并且表态说："天子初即位，若臣下有不忠者，当发兵赴国征讨。"

第二年，松赞干布也去世了，文成公主一直居住在吐蕃，尽其所能为吐蕃人民做贡献，直到永隆元年（公元680年）逝世。文成公主逝世后，吐蕃为她举行了隆重的葬礼，唐朝也派遣了使臣到吐蕃吊祭。文成公主获得了吐蕃人民极高的崇敬和爱戴，至今拉萨仍保存着当年吐蕃人为纪念她而造的塑像，供后人凭吊、拜谒。

海纳百川，有容乃大

贞观年间的唐朝，正处在一个稳定的上升时期。由于唐太宗对于各个民族的包容态度，使得这段时期内，大量的少数民族前往内地，在今天的山西、河北等地都有大批的迁入人口。而长安作为唐朝的都城，凭借其独特的地理位置和政治地位，承担着各地交通和经济往来枢纽的重要使命，更是各地区各民族人民汇聚的地域象征。

在贞观前期，长安只是居住着一些少数民族的贵族官僚，如契丹、吐蕃、回纥等族都有官员在长安任职。但到了后期，不仅是少数民族贵族，就连普通民众也陆续迁往长安，其中又以突厥、吐谷浑、契丹、鲜卑、吐蕃等族的百姓居多。这些内迁的少数民族吸收了汉族的传统文化，不仅生活方式得到了很大改观，就连生产水平也得到了很大的提高。

与此同时，各少数民族的内迁不仅影响了内地汉族百姓的生活习惯和传统文化，也给当地百姓们的日常生活注入了新鲜的因素，对各族的文化融合产生了极大的推动力。

"五陵少年金市东，银鞍白马度春风。落花踏尽游何处？笑入胡姬酒肆中。"贞观时期的长安城不仅人口众多,成分复杂,还汇聚了来自世界各地的使者、商人、留学生和艺人。他们的到来使得繁华的长安城变成了一个汇聚各国各族人民的国际大都市,长安也因此焕发出了从未有过的生机和光彩。

对于长安城此时和各国在政治、经济和文化上的往来状况,唐代的各种史书中都有十分详细的说明。关于各国使者往来的情况,《唐会要》中描述了一幅"绝域君长,皆来朝贡,九夷重译,相望于道"的盛世景象,贞观时期,各国的使者都集聚长安,成了都城的一道亮丽的风景线。在这些往来的国家之中,高句丽、新罗等在唐朝建国之初就有使者前来长安,而在朝鲜半岛统一之后,往来的使者更是络绎不绝。自从贞观十五年(公元641年)天竺国向长安派遣了使者之后,便有无数的国家不定期地派使者来朝,并向唐太宗献上许许多多来自世界各地的奇珍异宝。

除了各国的使者之外,长安城中还居住着大批的外国留学生,其中以新罗人和日本人居多。这些留学生大多数是跟随本国的遣唐使来到中国,他们常年在中国学习,为的是学成之后能够将唐朝先进的文化和制度带回自己的国家,从而促进本国的发展。

频繁的交流带来的是文化的蜕变和充实,贞观时期的中国文化更可以用"兼容并蓄,百花齐放"这八个字来形容。对于外来文化,唐朝尽可能地吸收其精华,并将这些外来文化和自身的文化相互融合,使得大唐文化愈加地丰富多彩。外来文化的渗透使得唐朝文化具有任何朝代的文化都无法比拟的特点,而这些特点在唐朝的饮食、服饰、绘画、音乐、舞蹈等各个方面都有深刻体现。

一支胡旋舞道不尽这个盛世的旖旎和繁华,一曲反弹琵琶更弹出了这个王朝的气度和风采。胡乐和西域舞蹈这些从境外传来的艺术形式,以极快的速度在中原地区流传开来,深受唐朝百姓们的喜爱。以绘画艺术为例,在唐代以前,中国的绘画主要是以线条来彰显其特点和韵味。而到了唐朝则开始注重凹凸之法和晕染,从而产生了吴道子和王维这样独具一格的大家,这些都和西域宗教文化的深入不无联系。

唐朝的那种繁盛和包容天下的气象是其他朝代根本无法比拟的。那么为什么单单在唐朝形成了这种特殊的风貌,这其中的原因是非常复杂的。

从历史的层面来看,经历了多次的分分合合,中国历史发展到唐朝已经形成了一个大一统的局面,而且基础也较为稳固,这就为唐朝和外界来往与交流提供了一个稳定的平台。从主观层面上来看,李唐王室本身和中国历史上的其他皇室有所不同,他们的血统中包含着异族的成分,所以对于外来事物和新生事物也相对容易接纳,甚至愿意主动吸收。这些因素交织在一起,最终给唐朝的盛世大融合创造了可能。

而唐太宗李世民作为唐朝首创盛世的君主,拥有他独特的眼光和非凡的治世才能。平定了东突厥、吐谷浑,稳定了西域,收服了吐蕃,唐太宗的大军所到之处,一个伟大的帝国也在逐步诞生。到了贞观二十一年(公元647年),唐太宗下令在回纥、拔野古等地设立府州,并命各部的首领为本州的都督或刺史。除此之外,他还赐予各部落首领不少金银珠宝和绫罗绸缎,使得西域各部都对他感恩不尽。

这一年,唐太宗在天成殿设宴款待西域的首领们,宴席之上,这些异域首领无不对太宗心生景仰爱戴之情。为了回报唐太宗给予他们的恩赏，他们向太宗请求，希望在回纥以南、突厥以北开辟一条"参天可汗道"。这条道路是为了方便使者们在路上的饮食住宿，所以在沿途共设立了六十八处驿馆。

"参天可汗道"的开辟加强了西域和唐朝内地之间在经济、文化各方面的沟通和交往，这也足以显现唐太宗在西域各部族之间的崇高地位。可以说，唐太宗给我国西部民族直接的融合与发展做了杰出的贡献，这一点是不容置疑的。

唐太宗的成功之处不仅仅在于他创造了后人无法企及的盖世武功，更在于他能以一颗宽容之心对待天下臣民。他曾说过："自古皆贵中华，贱夷狄，朕独爱之如一，故其种落皆依朕如父母。"这种一视同仁的非凡气度在中国历代帝王中都是极其少见的。更为难能可贵的是，他将这种"华夷一家"思想贯彻到实际行动中来，使得贞观年间的外交策略常常收到事半功倍的效果。

例如当年大破东突厥的时候，对待归降的颉利可汗与十余万突厥将士和百姓，唐太宗的做法就值得世人称赞。对于如何处理这些突厥降众，当时朝廷之中的争论异常激烈，最终唐太宗还是听取了温彦博的意见，妥善安置了这些突厥人。这些降众按照他们原来在突厥所归属的部落分别被安置在幽州到灵州的唐朝属地之内，而突厥原来的属地则被分为了四个州，分别是顺州、长州、祐州和化州。与此同时，唐太宗还下旨允许部分突厥人进入长安为官，不少突厥贵族都受到了唐朝廷的封赏，就连颉利可汗本人也被封为右卫大将军。

贞观二十一年（公元647年）六月，唐太宗还特意下旨要求臣下们将隋末战争之时,边境百姓们被少数民族政权俘掠的情况统计出来,好将这些百姓赎回中原。为了赎回这些百姓,唐太宗派了特使到边境各处访查,并花了大批的财力物力将这些被俘掠的百姓安置下来,"没落外蕃投化,给复十年"。

但这些被异族政权俘虏的百姓之中不仅仅有汉族百姓,其中还包括乌罗护、靺鞨等其他民族的百姓,对于这种情况,唐太宗也没有厚此薄彼,而是将他们一并用钱财赎回。不仅如此,唐太宗还下旨减免了他们的赋税,"四夷降户,附从宽乡,给复十年",说的就是这种情况。

正所谓"海纳百川,有容乃大",唐太宗这种战略方法是"以和为贵,以战辅和",确实,这样"恩威并施""德被四夷"的方法使得唐太宗在东方的威望与日俱增。他以"天可汗"对天下臣民宽广的胸怀和对万千世界包容的态度,成功地赢得了世界的尊重和拥戴,也赢得了整个贞观的治世和辉煌。

第八章
太宗子女，帝王之家的辛酸与无奈

太子之争

武德九年（公元626年）八月，唐太宗李世民即位，册封长孙氏为皇后。和中国古代所有的皇帝一样，即位之后的唐太宗除了用尽心力治理好自己的国家之外，首先想到的便是确立自己的皇位继承人。虽然唐太宗的帝位是在"玄武门之变"中得来的，但他并不想自己的儿子们也发生骨肉相残的惨剧。然而，晚年的唐太宗也不可避免地经历了一场萧墙之祸，正是到了这个时候，他才深刻地感受到作为一个帝王和一位父亲的艰辛。

和唐高祖李渊一样，唐太宗也是个子嗣颇丰的皇帝。他一生共养育了十四个儿子，其中李承乾、李泰和李治为长孙皇后所生。太子李承乾因生于长安承乾殿而得名，身为嫡长子，他无疑是十分幸运的，在武德九年（公元626年）十月就被立为皇太子，那一年，小承乾只有八岁。

李承乾自幼活泼聪明，深得唐太宗和唐高祖的喜爱。贞观四年（公元630年），唐太宗命李纲为太子少傅，负责对太子的日常教导。李纲对太子要求颇严，李承乾对这位严师更是十分敬畏，一刻也不敢放松自己的学业。次年，唐太宗又命李百药为太子右庶子，和李纲一起担当起匡扶和教育太子的职责。从这里可以看出，唐太宗对于自己的皇位继承人是十分重视的，也花了不少心血来教育和培养他。

贞观九年（公元635年），唐高祖李渊辞世，唐太宗守孝一个半月，大小政务均交给太子李承乾处理。这时的太子虽然只有十七八岁，但是在处理政事方面却颇受好评。《旧唐书·恒山王李承乾传》记载："太宗居谅暗，庶政皆令听断，颇识大体。"《资治通鉴》则赞其"颇能听断"。可见其已经具备作为治国者遇事果决，并能以大局为重的基本素质。

在此后的半年时间里，唐太宗按礼制居丧，一直到贞观十年（公元636年）正月，唐太宗仍然将细务交由太子李承乾处理。按照常理来说，作为一国之君的唐太宗本可以一日一月，居丧二十七天即可。而且大臣们在此期间内也屡次进谏请求他衣常服，临正殿，处理国家大事。但是唐太宗为什么却固执地要将事情都交给年幼的儿子处理呢？

这个问题其实很好理解，唐太宗这么做一方面是为了尽孝道，另一方面也是想趁此机会锻炼一下太子。对于李承乾这个时段的表现，唐太宗应该是十分满意的，所以以后每次离开长安时，唐太宗都留他居守监国。

随着时间的推移，李承乾逐渐长大，而其治国思想也开始与唐太宗背道而驰，此外还做出了许多常人不能理解的荒唐之事。由于从小身居高位，又生长于深宫，缺乏心志的磨砺，李承乾的生活安逸散漫，便逐渐染上喜好声色犬马的纨绔子弟之气。因为知道唐太宗对自己要求严格，所以李承乾一开始总是刻意地伪装自己，每当上朝觐见及接待大臣时必言儒家君臣之道，面对辅佐之臣进谏时主动引咎自责，"故在位者初皆以为明而莫之察也"。但时间一长，李承乾的所作所为便日渐显露出来，最终为唐太宗所察觉。

自立国以来，唐太宗尊贤礼士，思贤若渴，而太子李承乾却不爱贤才。他不仅疏远正直之士，而且还对小人极尽宠爱。汉王李元昌是唐太宗的异母兄弟，此人平时行为不端，屡次受到太宗皇帝的谴责。而太子却与李元昌臭味相投，关系十分亲密，甚至到了朝夕相处的地步。一日，他二人把侍从分为两队，太子与汉王各领一队，披毡甲，擂竹梢，布阵交战，厮杀击刺流血，以此为乐。倘若有人作战不力，就要被捆上手脚用树枝抽打，有人甚至因此被活活打死。李承乾还放言道："假使我有一天做了天子，就要在禁苑设万人营。我与汉王分别统率，观看他们互相打斗，岂不乐哉！"

除此之外，李承乾平日还宴游无度，甚至宠爱一些道士。有一个太常寺的伶人，年轻貌美能歌善舞，太子给他取名叫称心，十分宠爱，与他同吃同住。太宗得知此事后大怒，诛杀了这个伶人和这些道士，并对太子严加谴责。然而太子却不思悔改，不仅为称心修建陵墓朝夕祭奠，甚至对自己的父亲产生了怨恨之情，称病数月不上朝。

太宗执政以来，崇尚以文治国，偃武修文，尊贤礼士。而太子却喜好争战并仰慕突厥人的风俗。《资治通鉴》记载过一个他要求侍从为他举行突厥式"葬礼"的故事：

"（李承乾）选左右貌类突厥者五人为一落，辫发羊裘而牧羊，作五狼头纛及幡旗，设穹庐，太子自处其中，敛羊而烹之，抽佩刀割肉相啖。又尝谓左右曰：'我试作可汗死，汝曹效其丧仪。'因僵卧于地，众悉号哭，跨马环走，临其身。"

太子还曾说过："有朝一日我拥有了天下，就率领数万骑兵猎于金城西，然后投身于阿史那思摩部下，散发为突厥人当一位将领。"如此离经叛道的荒谬言论，如果被"天可汗"唐太宗听到，不知会做何感想？

李承乾一直有腿疾，但唐太宗对此并不十分介意，他曾对太子右庶子杜正伦说："我儿有身体上的疾病，这并无大碍；但是如果他不敬贤好善，反而狎近小人，那问题就严重了。朕希望你尽力匡正，如果他不听劝诫，一定要告知于我。"唐太宗一直善于采纳谏言，并要求辅佐之臣也尽力劝谏太子，希望儿子也像他一样能采纳忠言。

但是李承乾不喜谏臣，他不但不听劝谏，反而对臣子恶语相伤。贞观十三年（公元639年），李承乾因游猎而荒废学业，左庶子张玄素上书力谏，太子大怒，严厉地斥责了张玄素。过了不久，太子又在宫中击鼓玩乐，张玄素听到后又来劝谏，太子虽然当着张玄素的面将鼓毁掉，却暗中派人谋害他，在他上早朝的途中伏击，用马挝猛击，为此张玄素险些丧命。

贞观十四年（公元640年），李承乾又广造宫室，奢侈无度，还沉溺声色，太子詹事于志宁上书进谏，太子根本不听。到了贞观十五年（公元641年），民间正处农忙之时，李承乾却广召民夫充当兵役，极大地影响了百姓的生产，民间对此多怀怨苦。不仅如此，他还私自引突厥人入宫，于志宁再次上书力谏，太子大怒，秘密派刺客张师政、纥干承基到于志宁家中刺杀他。于志宁恪守礼法，当时正为母服丧，二人潜入其宅，发现他睡在草庐中，于是知道他是大孝之人，不忍伤害而返。

李承乾的所作所为与唐太宗所推崇的治国之道相背离，他自然不会喜欢这样的接班人。时间一天天过去，唐太宗对太子的不满与日俱增，这已使李承乾的储君之位日渐不稳。而此时唐太宗的众多儿子也渐次成人，于是李承乾也遇到了争夺储位的强劲对手。在这些皇子中，魏王李泰就是其中的佼佼者。如同武德年间一样，贞观后期，皇子们争夺继承权的斗争也在不断上演。

随着太宗对李泰的偏爱，李泰声誉鹊起。这时不仅朝臣们纷纷猜测，太子李承乾的心理更是发生了巨大的变化。为了巩固自己逐渐消失的势力，李承乾想尽一切办法拉拢人心。这时李承乾身边有两派势力，一派是皇帝派去的官员，如左庶子张玄素、兼左庶子杜正伦、太子詹事于志宁等。这些人虽说是太子的手下，是东宫属官，但同时也负责对太子进谏和教育，实际上是直接隶属于皇帝的。

在李承乾看来，根本就是魏王李泰导致了他目前所面临的危机，于是他便把主要精力放在与魏王的斗争之上。但是这派东宫的官员却向他提出了不同的策略，他们不断地向太子进谏，希望李承乾能够严于律己，从自身做起，不要给人落下把柄。但"良药"毕竟苦口，已经自乱阵脚的李承乾又怎么能听得进这些意见呢？

处在危机之中的李承乾认为，正是父王宠爱魏王才使得他的太子之位受到威胁，于是他不得不采取行动，将斗争的重心放在了李泰身上。但可悲的是，李承乾虽然此时还贵为太子，但他不仅于上失去了父亲的信任，于下也没有朝臣的支持。不得已，他只得采取极端的行为，预谋加害自己的亲弟弟。

李承乾先是派人冒充魏王府中的官吏，向唐太宗告发弟弟的种种恶行。然而英明的唐太宗并没有听信这些告密人的一面之词，而且还下令将上书之人逮捕起来。李承乾见此计不成，又暗中派人谋杀李泰，但也没有成功。李承乾的这一系列举动非但没有撼动李泰的地位，反而使父亲的天平更加向弟弟偏移。

相比太子李承乾，李泰面对朝廷的风云变幻则表现得十分镇定和出色。前面就曾说到，李泰不仅自己聪敏过人，身边还集聚了一大批的能人志士。这些人十分团结，他们不仅同心一致出谋划策，推动魏王高升，还费尽心思提高李泰在唐太宗心目中的地位。

像崔仁师、岑文本、刘洎等魏王的支持者都是能在唐太宗面前说得上话的人。魏王党其他的年轻子弟则大多都是贞观元老的后辈，其中便有名相房玄龄的儿子房遗爱。在这些人的帮助下，李泰制定了一个对付哥哥李承乾的基本策略，那就是将重点放在如何提升自己的声誉和实力上，尽量避免与太子发生正面冲突。

唐太宗虽然对太子李承乾种种荒唐的做法极度失望，也曾经动过扶持魏王李泰做储君的念头，但是后来却明确地表态自己并不打算废去太子。唐太宗之所以改变想法是因为群臣中有不少人反对废立太子，尤其还有一些像魏徵这样的重臣明确表示不支持他更换储君。

面对朝廷上下的态度，唐太宗不得不慎重地重新考虑这个问题。他思考再三，认为李承乾虽然行为荒唐，有失体统，但是他一直以来并无什么逆反行为，还没发展到非废不可的地步。更为重要的是，尽管李泰平时将自己掩饰得很好，但随着时间的推移，他的缺点也逐渐显现了出来。

因为父皇的宠爱，李泰恃宠甚骄，争夺储君之位的野心暴露无遗。魏王的很多做法引起了朝中一些大臣的不满。再加之他本人也无任何功业，难以服众。这样一来，废长立幼的时机显然并不成熟，唐太宗便逐渐打消了这个念头。

和高祖李渊相比，唐太宗李世民虽然也在立嗣问题上产生过犹疑，但到了后期，他还是将自己的态度明确地表示了出来，并没有像高祖当时那样在两个儿子之间摇摆不定。到了贞观十六年（公元642年），"太子承乾失德，魏王泰有宠，群臣日有疑议"，越来越多关于唐太宗将要废立太子的舆论传播开来，给朝野造成了很大的影响。

储君问题向来是一个王朝的敏感问题之一，一旦臣民们对这个问题产生疑议，那么国家的根本就会动摇。面对这种强大的压力，唐太宗虽然犹豫再三，但也只好明确地做出表示，以此平息废立太子的流言。唐太宗不仅有口头的表示，还采取了一系列实际措施挽救局面。

贞观十六年（公元642年）八月，唐太宗推出魏徵为太子助阵，他对臣下们说："朕看当今朝廷的臣子，忠贞不二没有人能超过魏徵。朕想派遣魏徵来教导太子，以此来消除天下人的疑惑。"太宗决定任命魏徵为太子太师，一是因为他在大臣之中威望最高，二来也是因为他在当时是坚决反对废立太子的。

当年九月，唐太宗下旨正式任命魏徵为太子太师，意在向朝臣表示维护太子李承乾的坚定意愿。但魏徵却称身体有病，上表向唐太宗推辞。眼见魏徵推辞，唐太宗还亲下手诏向他强调此事非同寻常，恳切希望魏徵能够接受这次的任命。

唐太宗如此郑重其事且态度极其诚恳，魏徵也体会到他作为一个父亲的艰辛，于是便答应了下来。但事实上，唐太宗又一次事与愿违，魏徵虽然在朝中声望极大，但在此事上所发挥的作用也是极其有限的。而且魏徵在任职不到半年的时间内，也因自己的病情越来越重，转年正月就辞世了。

立储的风波还在继续，而太子因为心力交瘁，脚疾也日益加重。为了保护李承乾，唐太宗仍然对群臣表态说，太子虽然脚有毛病，但是还可以行走，更何况《礼》曰："嫡子死，立嫡孙。"此时李承乾的儿子也已经五岁了，自己绝不会以庶子来代替嫡长子，并警告诸王对太子之位不要有什么非分之想。

虽然太宗明确表态，但作为一个父亲，他也难免对其他的儿子抱有期望。在实际行动上，唐太宗依旧对魏王十分亲近和宠爱，而对太子比较冷淡和疏远。长此以往，李承乾越来越没有安全感，随着形势日益紧迫，他决定铤而走险。李承乾想要效仿父亲，发动一场宫廷政变，进攻唐太宗寝殿西宫，企图逼迫自己的父亲退位或放弃废立太子。这样一来就再也没有人能够威胁到他的地位了。

就在李承乾等人准备起事的时候，齐州发生了一件大事，也正是因为这件事，李承乾的计划还没有得以实施就宣告流产。

有个太蠢的弟弟更不是好事

贞观十六年（公元642年）六月六日，距离武德九年（公元626年）发生的那场"玄武门之变"已经过去了整整十六年，或许是对当年为了争夺帝位杀死了自己的兄弟心生悔意，这一年，唐太宗下旨追封李建成为太子。通过这个举动，唐太宗也表达了自己内心不希望在自己的儿子们中间发生手足相残的惨剧的心愿。但这皇权斗争关乎权力和生命，又怎能为人力所控制呢？

不仅唐太宗为此事心烦意乱，朝臣们也都在密切关注着皇室内部的新动向。他们面临的是一场新的政治投资，如果魏王李泰最终夺得太子之位并且坐上了皇帝的宝座，那么此前的所有付出就算是有了回报；如果李承乾如期当了皇帝，魏王下场可想而知。因此，不论是魏王还是太子，如今的局面是只能前进不能退后。但这个看似无法调节的僵局被一场突如其来的变故给打破了。贞观十七年（公元643年）三月，在离长安路途遥远的齐州，齐王李祐先于自己的哥哥李承乾，率众起兵造反。

与李承乾和李泰不同，齐王李祐并不是嫡子，而是庶出。他是太宗的第五个儿子，为阴妃所生。贞观十年（公元636年），李祐被封为齐王，外放到齐州任都督。李祐不是嫡出，对争夺皇位基本上失去了资格，但贵为皇子，他也想要保住自己的封爵和地位。纵使李祐没什么野心，但皇帝至高无上的权力何其诱人，不免就有一些小人借此钻营，而李祐的舅舅就是其中之一。

李祐的舅父名叫阴弘智，自他到齐州之后便一直跟在他的身边。眼见长安因太子之位闹得沸沸扬扬，他便对自己的外甥说："你们兄弟众多，等到陛下亡故以后，你的性命就可能不保了，应当早做准备，多招募些壮士来保护自己。"李祐年轻无知，性格又比较急躁，遇事不善于思考，便轻信了阴弘智的话。在这之后，李祐便开始结交了一些江湖豪杰，并为自己招募了大批武士。

齐王虽然远在外地，但他的举动长安方面并不是毫不知晓。原来唐太宗怕任职于外地的儿子年轻骄纵，所以特意选择了一些刚正之士为长史、司马，用以辅佐诸王。一旦诸王有什么过失，他们便随时进行劝谏并将情况上奏于太宗。说到底，这也是监视这些藩王，防止他们叛乱的一个好办法。

齐王府内有个叫权万纪的长史，他刚正忠直，以前曾做过吴王李恪的长史。权万纪名义上虽是齐王的手下，是皇帝派来辅佐齐王的，实际上也承担监视齐王的任务。他看见齐王在舅舅的唆使之下做了许多不法之事，便屡次犯颜直谏，并在奏疏中将这些事透露给了唐太宗。于此，李祐也受到了父亲的谴责。

对于权万纪的好言相劝，李祐非但不听还记恨在心。看李祐顽固不化，权万纪便采取了实际行动来保护齐王不受小人们的引诱。他先是赶走了李祐身边最为亲近的昝君謩、梁猛彪等江湖人士，随后还把齐王豢养以供玩乐的鹰犬也全都释放。权万纪的种种做法使得李祐心中的仇恨进一步加深，他秘密地与昝、梁等人商议要杀死权万纪。

贞观十七年（公元643年），权万纪觉察到齐王想要谋害于他，便将此事上奏太宗，还把李祐的亲党逮捕入狱。齐王认为自己被权万纪出卖，恼羞成怒，不顾父皇的诏令，将即将前往长安的权万纪杀死。权万纪一死，李祐便在其党羽的劝说下在齐州招兵买马，起兵造反。他下令将城外百姓驱赶入城参军，并打开府库，赏赐士卒。不仅如此，李祐还私自设立官署，大封其党羽为官，每夜与其亲党饮酒作乐。

齐王反叛的消息很快传到了长安，唐太宗闻后大为震惊。同为父亲和君王的他在痛心之余便下令兵部尚书李勣领兵前去镇压。但出乎意料的是大军还未到达齐州，齐王就被他的兵曹参军杜行敏给擒住了。

原来李祐谋反之后，下令召集所属州县的军队都前来齐州，但是没有多少人响应。齐州城中的官吏和百姓见李祐如此荒唐，认为此事必定失败，于是纷纷弃城而逃。李祐的兵曹参军杜行敏等人不愿跟随他反叛，于是便共同商议倒戈，这个建议得到了齐州城内很多人的赞同。其后，杜行敏便率众围攻了王府，斩杀齐王余党，并将李祐押送至长安。唐太宗下诏将齐王李祐废为庶人，后赐死于内侍省。

这次的造反活动其实就是一个不知天高地厚的藩王在一帮小人的唆使下上演的一场荒唐的闹剧。齐王李祐不听忠臣的劝谏，骄奢荒淫，丝毫没有主见，也无任何政治意识，实属可笑。但这个荒诞的事件并没有以齐王的死了结，反而引发了太子集团的一桩巨大阴谋，最终使得李承乾失去了他的储君之位。

原来朝廷在审查齐王谋反案件时，偶然发现一个奇怪的现象。那就是齐王手下的一些江湖人士与东宫都有往来，其中就有一个名叫纥干承基的壮士颇得太子的信任。贞观十七年（公元643年）四月，纥干承基因参与齐王谋反事件被逮捕入狱，依律被判处死刑。为了活命，纥干承基将太子李承乾的谋反计划向主审官全盘托出。

唐太宗得知太子意图谋反，震惊之余更是觉得匪夷所思。他马上下令，命长孙无忌和房玄龄等重臣会同大理寺及中书省、门下省调查此案。太子为什么会想要谋反呢？这就不得不提太子集团中的几个主要人物了，他们便是吏部尚书侯君集、汉王李元昌、左屯卫中郎将李安俨、洋州刺史赵节和驸马都尉杜荷。

在太子集团中最有影响力、最值得一提的人物是吏部尚书侯君集，他也是参与太子谋反计划的核心人物。侯君集早年便跟随唐太宗南征北战，立下了无数战功，"凌烟阁二十四功臣"就有他的一席之地。唐太宗发动"玄武门之变"时，侯君集也出谋划策，参与了诛杀李建成、李元吉的行动。唐太宗即位后不久就擢升他为右卫大将军，其后他也是屡立战功。

贞观十二年（公元638年），侯君集升任吏部尚书，太宗还命他作为统帅率军平定高昌。侯君集虽然率领唐朝大军平定了高昌之乱，但未奏请太宗就擅自处理了无罪之人，还私取高昌国宝。有人向太宗告发此事，太宗遂将他交给司法部门查处，侯君集也因此入狱。后来因为中书侍郎岑文本等人的求情，唐太宗念及往日恩情才下诏放了他。但是侯君集自以为劳苦功高，却受牢狱之灾，心中颇有不满之情。

侯君集的女婿贺兰楚石时任东宫千牛，即太子的贴身护卫。太子李承乾通过贺兰楚石认识了侯君集，将其引入东宫，并向他请教保全太子之位的办法。自从高昌之事后，侯君集已知前途无望，便将砝码压在了储君的身上。

侯君集认为魏王为陛下所爱，李承乾劣弱，恐怕有被废黜的危险。他还向李承乾列举了隋朝太子杨勇因不被父皇看重最终被废的故事，劝李承乾造反，侯君集甚至举起自己的手说："此好手，当为殿下用之。"对于侯君集的建议，李承乾十分认同。并且他还为得到这位大人物的支持而高兴万分，李承乾对侯君集大加赞赏，并视为心腹。

太子集团还有两个重要人物，就是左屯卫中郎将李安俨和汉王李元昌。李安俨曾是隐太子李建成的部下，玄武门之变时他曾率军拼死抵抗。唐太宗认为他是忠义之士，故没有治其罪，反而任命他为典宿卫。但李安俨认为自己的官职低下，所以便将希望寄托在李承乾身上，希望跟随太子能有个更好的未来。汉王李元昌是唐高祖的第七子，也是唐太宗的异母弟弟。李元昌没有什么才能，还干过不少不法之事。因为这些事情，唐太宗经常谴责他，所以李元昌便心怀怨愤，于是也加入了太子的谋反队伍。

除了上述几人之外，洋州刺史赵节是赵慈景和高祖之女长广公主的儿子，也算是皇亲国戚。赵慈景早年在战争中牺牲，赵家也就逐渐衰弱了。赵节不满意现有地位，自以为他的家族功劳甚大，所以投入太子集团中，打算在政治上捞取更大的好处。驸马都尉杜荷是前宰相杜如晦的次子。杜如晦死后，太宗念其功大，把女儿城阳公主嫁给了其子杜荷,封襄阳郡公,任命他为尚乘奉御。但杜荷生性暴虐,不守礼法,却与李承乾气味相投,并利令智昏地为他造反出谋划策。

就在李承乾等人密谋兵变之时,齐王李祐造反失败的消息传到了长安。但是李承乾不死心,他对心腹纥干承基说:"我宫西墙距大内不过二十步,与卿等谋划大事,岂是齐王所能比的!"杜荷劝李承乾尽快起事,并告诉他"琅玡人颜利仁善观天象,他说天象有变,陛下当为太上皇",这些根本就是无稽之谈。

李承乾等人的计谋败露之后,唐太宗马上采取了行动。按照大唐律法,参与谋反篡位的都罪不容诛,李元昌、侯君集、赵节、杜荷及其同党都被赐死。而李承乾毕竟是自己的儿子,太宗不舍得杀他,于是便下诏废李承乾为庶人,后来流放到黔州。东宫主要官员如左庶子张玄素等人也因未能力谏被贬为庶人。贞观年间的这场太子谋反案件,终于缓缓落下了帷幕。

鹬蚌相争，渔翁得利

李承乾被废之后，东宫之位便空了出来。当务之急就是要为国家选定一位新的太子，那么唐太宗又会选定谁作为他的接班人呢？按照"立嫡立长"的规矩，唐太宗自然而然地要从自己的嫡子之间挑选一个继承者。唐太宗虽然子嗣众多，但是嫡出的除了原来的太子李承乾之外就只有魏王李泰和晋王李治了。依照当时的局势来看，太子一旦被废，接替他位子的一定是这场争夺战中的获胜者——李泰，朝中也有不少人向皇帝上书劝他早立魏王为太子。

面对满朝的呼声，唐太宗也将李泰召来，亲自对他说了想立他为太子的想法。既然如此，那李泰又是为什么最终与皇位失之交臂，而让年仅十六岁的弟弟李治登上了皇位呢？其实，这还和之前李泰参加了储君之位的斗争有莫大的联系。

唐太宗这个皇帝本来就当得不光彩，当年他通过"玄武门之变"杀死了自己的亲兄弟，才得以登上帝王之位。对于这件事，唐太宗虽然极力掩饰，但还是在儿子们之间树立了一个很不好的榜样。唐太宗的皇子们都认为皇位是可以靠争取得来的，长幼秩序并不是什么大问题。正是基于这一点，李泰才敢于仗着父亲的宠爱，拉帮结派，和自己的哥哥抗争。

而在李承乾看来，自己失爱于父皇，而弟弟又野心勃勃，他的内心深处也十分害怕自己变成第二个李建成。于是他只有奋起反抗，甚至想学父亲当年发动宫廷政变来夺取帝位，最终弄得身败名裂。

谋反事件败露之后，唐太宗百思不得其解，他亲自提审了李承乾，问他为什么要这么做。面对父皇的责问，李承乾回答说："儿臣贵为太子，又有什么好奢求的呢？倘若不是李泰苦苦相逼，我又怎会落到如此田地？父皇如果将我罢黜而让李泰当太子，那可真是落入他的圈套之中了。"

听了儿子这番痛彻肺腑的表白，唐太宗也开始思索起来。他觉得自己如果将李承乾废除而改立李泰，就等于开了一个恶例。其后难免会有其他皇子效仿李泰再起冲突，到时候朝廷上下就再无宁日了。为了避免手足相残的惨剧再次发生，唐太宗只得重新思考，想出一个万全之策来解决此事。

晋王李治是唐太宗的第九个儿子，也是唐太宗和长孙皇后所生的三个儿子中最小的一个。李治虽是嫡出，但按照常理，他前面有几个出色的哥哥，储君之位是怎么也轮不到他的。可世事难料，或许连李治自己都没有料到，这太子之位竟不偏不倚地落在了自己的头上。

李治之所以能超越几个哥哥登上太子之位，正是顺应了那句"天时地利人和"。所谓"天时"指的是贞观年间出现的"瑞石之兆"，有人在山西太原发现了一块纹理非常美观的石头，上面写着"治万吉"三个字，暗示着晋王李治一旦登基，万事都会朝好的方向发展。古代人对上天的旨意是十分迷信的，所以这件事便在民间流传开来，遂成为一段佳话。而这件事也逐渐引起了唐太宗的重视，他便开始慢慢关注起这个小儿子来。

"瑞石之兆"本是无稽之谈，李治最大的优势是在"地利"和"人和"上。首先，当李治走入权力斗争中心的时候，他的两个强劲对手李承乾和李泰已经杀得两败俱伤。太子李承乾被废，魏王李泰也同时成为众矢之的。对于这两个儿子，唐太宗一是失望至极，一是缺乏信心。正所谓"鹬蚌相争，渔翁得利"，既然如此，唐太宗的目光就自然而然地转移到了那个能"治万吉"的小儿子李治身上。

虽然唐太宗立魏王为太子的想法发生了细微的变化，但李泰毕竟在自己的儿子之中是较有才华的，唐太宗不可能就轻易放弃他。但在其后发生了一件事，这件事触动了唐太宗内心深处的思绪，使得他不得不考虑放弃李泰，改立李治。

李泰有个小名叫作"青雀"，一次他扑到唐太宗怀里，对父亲说了一番话，大意是如果唐太宗立他做太子，他以后就会将他唯一的儿子杀掉，而让晋王李治来继承他的皇位，这就是著名的"青雀入怀"事件。唐太宗为此深受感动，便将这件事告诉了群臣，目的是说明魏王对待兄弟如何友善。但唐太宗此话一出，褚遂良就立即站出来发表了反对意见。

褚遂良对唐太宗进言道：

"陛下言大失。愿审思，勿误也！安有陛下万岁后，魏王据天下，肯杀其爱子，传位晋王者乎！陛下日者既立承乾为太子，复宠魏王，礼秩过于承乾，以成今日之祸。前事不远，足以为鉴。陛下今立魏王，愿先措置晋王，始得安全耳。"

在褚遂良看来，魏王的话根本不符合常理，怎么会有人为了兄弟情谊而将自己的儿子杀死呢？魏王这么说不代表太宗百年之后晋王的性命能得以保全。褚遂良劝告太宗先安置晋王，以此来免除日后的厮杀。听了褚遂良的话，唐太宗也似乎明白了什么，甚至为此流下了泪水。因为在他的内心深处是希望自己的儿子们都能够有自己的归宿，不要发生手足相残的惨剧的。

就在唐太宗对储君人选犹豫不决的时候，李泰可能也感觉到了父皇的态度和李治方面的压力。思考再三，李泰决定先下手为强，"劝告"弟弟主动退出这场斗争。李泰知道李治和汉王李元昌关系比较密切，而李元昌又因为太子谋反案被处死，于是他便对李治说："你和李元昌的关系如此密切，难道不怕受到他的牵连吗？"李治本就政治经验不足，听了哥哥的话便整日忧心忡忡，茶饭不思。唐太宗得知这件事后非常气愤，认为李泰不该以此恐吓自己的弟弟。

事实上，唐太宗最终决定立李治为太子，还和一个人的态度有关，这个人就是当时的朝廷重臣——长孙无忌。长孙无忌是长孙皇后的兄长，也是李泰和李治的舅父。虽然在血脉上来看，这两个外甥都没有什么亲疏之分，但长孙无忌却在朝中大部分人都看好李泰的时候，坚持要皇帝立李治为储君。长孙无忌之所以这么做主要有两个原因。

其一，他深知唐太宗想同时保全自己儿子们的想法，而李治本性善良，"宽仁孝友"，没有什么野心，比起李泰来更让人放心。而且唐太宗本人也对大臣们说过这样的话，"且泰立，则承乾与治皆不全；治立，则承乾与泰皆无恙矣"。

其二，长孙无忌也是出于对自己政治前途的考虑，才支持晋王反对魏王。在这个时期,李泰已经较为成熟,且拥有属于自己的势力范围。他平时和长孙无忌交往不多,一旦当上皇帝肯定会重用自己的亲信。而李治年纪较小,性格又比较柔弱,较好控制。而且李治没有什么政治经验,和外臣的交情也尚浅。如果长孙无忌帮助他谋取了帝位,他日后一定会依仗自己,前途可以说是无忧了。

经过苦苦的挣扎,唐太宗终于下定决心立晋王李治为太子。为了防止日后再为此事起争执,唐太宗还特意用"苦肉计"宣布了这个决定。一日散朝之后,唐太宗特意将长孙无忌、房玄龄、褚遂良等重臣留了下来。

接着,他派人将晋王李治召来。当着众人的面,唐太宗大声说道:"我三子一弟,所为如是,我心诚无聊赖!"接着就要引剑自刎。在场众人大惊失色,连忙上前阻止了唐太宗。长孙无忌询问唐太宗将如何处理这件事,太宗说:"朕欲立晋王为太子。"长孙无忌听太宗此言,正中下怀,马上说道:"谨奉诏,有异议者,臣请斩之。"

唐太宗点了点头,随后又问道:"虽然你们答应了此事,不知朝中其他人做何感想?"长孙无忌说道:"晋王殿下一直宽仁孝友,天下人早已归心于他。臣请陛下将百官召来询问,臣以性命担保,大家绝不会有什么异议的。"听长孙无忌说得如此坚定,唐太宗也稍微放心了一些。他立刻下旨将百官召来太极殿,并向众人询问了立储之事,群臣们都说晋王仁孝爱民,是储君的不二人选。

这一天发生的所有事情对于李治来说是一场喜剧,但对于李泰来说却是一场不折不扣的悲剧。当李泰像往常一样带着随从前往太极宫面见父皇的时候,他丝毫没有料到,他苦心经营多年的储君之位就这样不知不觉地落到了弟弟李治的头上。

李泰才刚抵达永安门，便被撤去了所有的随从。不知就里的他随后被带到肃章门，最后等待着他的是北苑的凄凉。随后，李泰的所有官职被罢免，魏王的爵位也被降为东莱郡王。失去一切的他离开长安来到了均州郧乡县，这位没落的皇子将在这里度过他的余生。

贞观十七年（公元643年）四月初七，唐太宗正式立晋王李治为皇太子，并下旨大赦天下。不仅如此，为了保护和培养这个国家未来的主人，唐太宗几乎将朝中的重臣都拨往东宫。他命长孙无忌为太子太师，房玄龄为太子太傅，萧瑀为太子太保，共同辅佐太子。贞观年间的这场轰轰烈烈的夺嫡大战就这样落下了帷幕。

做明君不难,难的是一辈子做明君

唐太宗在晚年暴露的两个最大的缺点就是奢侈靡费和不喜臣下进谏。早期的唐太宗生活非常简朴,这一点是有目共睹的。但太宗这个良好的品质却没能一直保持下去,到了贞观后期,他也开始变得和普通的君王无异,开始过起奢侈的生活来。就连他自己也认识到了这一点,他对太子李治说道:"吾居位已来,不善多矣,锦绣珠玉不绝于前,宫室台榭屡有兴作,犬马鹰隼无远不致,行游四方,供顿烦劳,此皆吾之深过,勿以为是而法之。"希望李治能够引以为戒,不要在这方面效仿他。

事实上在贞观十三年(公元639年),魏徵就曾经对唐太宗近年爱好奢靡的现象做出过劝谏。在上书中,魏徵指出唐太宗这些年不惜民力,营建了很多宫殿行在,而且还喜好田猎,为了一匹骏马让臣下到千里之外去搜寻。魏徵所说的这些情况应该都是属实的,但作为一个君王有一些喜好也并非罪大恶极的事,唐太宗之所以受到臣下的谴责是因为他这段时间的表现和他早年对待这些事情的态度发生了过大的改变。再者,因为皇帝有所喜好,下面的人便会想尽一切办法来满足他。自从唐太宗爱上各种新奇物品之后,全国各地的官员便开始了连续不断的进献活动,"鹰犬之贡,远及于四夷"。

到了贞观晚期,唐太宗的奢侈行为越来越重了。在这段时期内,他下旨在洛阳修建了元圃苑和飞山宫。不仅如此,为了在各地游兴方便,他还在各地都修建了行在,例如西山有襄城宫,等等,关中有汤泉宫等。这些宫殿在当时耗费了不少人力物力,使得当地人民的徭役加重了不少,仅襄城宫的修建就"役工一百九十万"。

不过晚年的唐太宗虽然向往着奢侈的生活,但他也没有太过放纵自己,而是将享受尽量控制在自己和国家可以承受的范围之内。在唐太宗的遗嘱中,他还特意提到要停止一切的营造活动,并要求丧事从简,可见他也清楚地知道太过奢靡只会给国家带来难以挽回的恶果。

贞观初期,唐朝的政治基础还不够稳定,唐太宗为了将国家治理得更好,做到了一个普通的君王几乎无法做到的事情,那就是从谏如流,任人唯贤。但随着时间的推移,他到了后期就日渐骄纵起来,而且随着年龄的增长越来越严重,朝中甚至出现了"正人不得尽其言,大臣莫能与之争"的现象。就连一直对太宗纳谏称赞有加的魏徵也说他,"由乎待下之情,未尽于诚信,虽有善始之勤,未睹克终之美"。

贞观十七年(公元643年),魏徵辞世,此后朝廷上的谏言就愈发地减少了。唐太宗或许也感觉到了这种现象,于是便将群臣召来,希望他们能指出他的过失并提出建议。长孙无忌等人也知道太宗此时已经不能像往常一样虚心纳谏了,便奉承太宗说他并没有什么过失。

当时的吏部尚书唐俭早年和唐太宗的关系非常要好，加之他是朝廷的老臣，三十年来一直都对朝政尽心尽力，太宗便做主将自己的女儿豫章公主嫁给了他的儿子唐善识。就是这样一位忠心耿耿的臣子，就因为和唐太宗在下棋的时候发生了一点小争执便被贬到潭州，从一位朝廷大员陡然变成了一个地方小官。

《朝野佥载》中记载了这件事，说："唐俭事太宗，甚蒙宠遇，每食非俭至不餐。数年后，特憎之，遣谓之曰：'更不须相见，见即欲杀。'"可见晚年的太宗心境变化何其大也，甚至到了一种狭隘的地步。

不仅对待唐俭是这样，唐太宗甚至因为侯君集参与了太子李承乾的谋反案而怀疑魏徵是其同党（侯君集乃魏徵密荐给唐太宗的），于是就下旨将魏徵墓前的石碑推倒。他原来因为感激魏徵多年来对自己的匡扶和规劝，已经下旨把衡山公主指婚给魏徵之子魏叔玉，但也因为这件事情将这桩婚约撕毁。

唐太宗晚年对待贞观旧臣的一系列做法使得满朝上下人心惶惶。为了避免皇帝的猜疑使自己晚节不保，朝中许多大臣都闭门不出，例如《新唐书·尉迟敬德传》就记载尉迟敬德"谢宾客不与通"，更不要说什么进言纳谏了。除此之外，地方官员也有很多受到冤屈而被罢官，例如贞观二十年（公元646年），就发生了一起较大的冤案，很多刺史级别的官员无论有无罪行都被罢官流放。

贞观十七年（公元643年），因为皇子之间的争斗，唐太宗已经是心力交瘁。再加上征讨辽东之战的失败，唐太宗大病了一场。这场病直到贞观二十年（公元646年）初才见好转，在这期间，都是太子李治监国理政。

大病之后，唐太宗的身体状况一直都不好，可以说是每况愈下。虽说"长生不老"一直就是历朝历代皇帝们最大的梦想，但唐太宗说过人的寿命"皆得之于自然，不可以分外企也"，可见他在早年是并不相信这些金石之术的。但随着健康的日渐流失，唐太宗也开始为自己的身体担忧起来，或许也是在这个时候，他才开始醉心于这些"延年之药"。

唐太宗为了延续自己的寿命，不仅服用了许多本国术士练就的丹药，还服用过天竺人的丹药，但都收效甚微。有的研究者甚至认为就是因为服用丹药才导致了唐太宗的死亡。

因为在《旧唐书·郝处俊传》中有这样一段记载："昔贞观末年，先帝令婆罗门僧那罗迩娑寐依其本国旧方合长生药……历年而成。先帝服之，竟无异效，大渐之际，名医莫知所为。"

唐太宗死于贞观二十三年（公元649年）五月，享年五十二岁，死后葬于昭陵。这位开创大唐盛世的君王在武德九年（公元626年）因"玄武门之变"登上了皇位，他在位共二十三年，文治武功，千古罕有。唐太宗驾崩的消息传出后，包括周边各民族在内的人民都十分悲痛，可见他在当时的威望之高。唐太宗的离世无疑是这个王朝最大的损失，在盛唐回荡着的钟声里，一颗璀璨的明星就这样陨落。